LE PHILOSOPHE EXTRAVAGANT.

DANS LE

TRAITÉ

DE L'ACTION DE DIEU
fur les Créatures.

A BRUXELLES,

Chez Eugene Henry Fricx.

MDCC. XVI.

AVERTISSEMENT.

CELUI qui a jugé à propos de donner cet Ouvrage au Public a crû devoir mettre à la tête l'Extrait que voici d'une lettre que l'Auteur lui écrivit en lui envoyant son Manuscrit.

En verité, Monsieur, vous devez être bien content de ma docilité ; puisque pour obéir uniquement à vos ordres, j'ai lû le gros & ennuyeux Traité de l'Action de Dieu sur les créatures, & que j'en ai fait, comme vous le souhaittiez, une réfutation qui me paroît complette, quoi qu'elle soit courte. L'Auteur est de ces Ecrivains diffus qui pour une chose qui a rap-

AVERTISSEMENT.

port à leur sujet, en disent cent qui y sont étrangeres. Vous croiriez qu'ils n'ont entrepris de faire un livre que dans la vûë de ramasser sous quelque titre specieux tout ce qu'ils s'imaginent avoir d'érudition, afin que le Public en soit instruit. Quand donc on a retranché de leurs Ouvrages ce qu'il y a d'inutile, il reste assez peu de choses à examiner. Or si ce peu de choses là-même n'est qu'un tissu d'absurditez & d'erreurs, vous jugez bien, Monsieur, que pour le réfuter solidement, il sufit presque de l'exposer.

J'avoüe que cette idée que je me suis faite de l'Auteur du Traité, ne répond gueres à celle qu'il souhaiteroit qu'on eût de lui. Il se donne pour un profond Theologien, pour un subtil Philosophe, pour

AVERTISSEMENT.

un Géometre consommé qui ne procede que par démonstrations. Moi je ne puis le regarder que comme un vain discoureur, un mauvais Sophiste, un esprit faux dont les raisonnemens sont aussi mal suivis, que ses principes sont peu judicieux.

C'est ce qui m'a fait donner pour titre à l'écrit que je vous envoye ; le Philosophe Extravagant dans le Traité de l'Action de Dieu sur les Créatures. Je n'en vois point qui lui convienne mieux ; & je suis sûr que vous en conviendrez avec moi, quand vous aurez lû les preuves que j'en apporte.

Au reste, Monsieur, je vous abandonne cet Ouvrage pour en faire tel usage que vous inspirera ce zele dont vous êtes si justement animé contre les corrupteurs de la Foi. Le faux Prédeterminant que je réfute, semble n'avoir eu d'autre dessein que d'insinuer sous le nom de la prémotion physique des Thomistes, l'erreur la plus insensée peut être & la plus monstrueuse qui soit jamais venuë dans l'esprit humain. Je me souviens de vous avoir oui dire que les Novateurs de nos jours étoient une espece de Pirates qui arboroient Pavillon Thomistique pour n'être pas re onnus, & pour empêcher qu'on ne leur courût sus : en voici un qui ne m'a pas échapé, & que je vous livre.

CHAPITRE I.

OU L'ON DECOUVRE le principe fondamental du Traité.

S'IL arrive souvent que le vrai-semblable ne se trouve pas vray ; il arrive aussi quelques fois que le vray ne paroisse pas vrai-semblable: & alors la prudence ne permet guéres de parler , si l'on n'a en main des preuves sensibles , & capables de forcer l'esprit, qui seroit le plus en garde contre les fausses persuasions. C'est à peu prés la situation où je me trouve en voulant découvrir le principe qui fait le fond de tout le traité de l'action de Dieu sur les créatures. Il est si étrange ce principe & si contraire au sens commun , que je ne sçai quasi par où m'y prendre pour le déclarer. Je suis persuadé que si je le disois cruëment & sans y avoir préparé les esprits , mille gens seroient revoltez

contre ma proposition , & répondroient
avec quelque indignation : Non , non , il
n'eſt pas poſſible qu'un homme d'eſprit ,
tel que le paroît l'Auteur du traité , ait jamais donné dans une ſi groſſiere & ſi mon-
ſtreuſe abſurdité ; il faudroit que cet homme eût perdu la raiſon pour être capable
d'appuyer un Ouvrage , dont la matiére eſt
ſi ſérieuſe , ſur l'imagination la plus extravagante & la plus folle , qui puiſſe frapper
un cerveau mal timbré.

Que ferai-je donc pour me tirer de cet
embarras ? Je ferai parler l'Auteur lui-même en rapportant fidellement ſes propres
termes : il me ſemble qu'il faudroit être
bien prévenu pour ne l'en pas croire ſur ſa
parole. Enſuite j'ajoûteray quelques raiſon-
nemens fort ſimples & fort naturels pour
développer encore davantage ſa penſée; &
la mettre dans un jour , où les moins clair-
voïants l'apperçoivent d'une maniére à
n'en pouvoir plus douter.

I.

L'Auteur dés le commencement de ſon
Ouvrage & dans le plan qu'il en don-
ne , nous enſeigne , ,, (*a*) que les actions
,, humaines ; ſoit connoiſſances , percep-

____

a §. III. *pag.* 7.

tions, pensées de l'esprit ; soit amours, "
choix, consentemens de la volonté, consi- "
dérées en general, & dans le genre Physi- "
que peuvent être regardées comme *des* "
estres, qui sont dans l'ame. "

Au Chapitre troisiéme de la premiére
section où il s'agit " *a* de la Premotion
Physique dans la production des actions "
spirituelles considerées de la même ma- "
niére, c'est-à-dire, en general selon leur "
être Physique, on établi Géometrique- "
ment par un *Lemme*, " qu'une intelligence
créée, qu'on supposeroit n'avoir dans le "
moment A. que le simple pouvoir d'ai- "
mer Dieu, & qui dans le moment B. for- "
meroit un Acte de cet amour, auroit dans "
ce second moment B. *un estre* de plus qu'- "
elle n'avoit le moment d'auparavant. Il "
n'est pas, dit-on, necessaire, d'insister plus "
long-tems sur ce Lemme, tout le Chapi- "
tre précédent en fait la preuve. " Neanmoins il suit encore un autre Lemme d'une
ennuyeuse longueur pour prouver dere-
chef, " (*b*) que la détermination actuel- "
le ajoûtée à la puissance de se determiner "
est *un estre* de plus que cette puissance : "
que lors qu'une intelligence, qui n'avoit "
que le pouvoir de se déterminer dans le "
moment précédent, a de plus une déter- "

a *pag.* 18.
b *pag.* 20.

A ij

,, mination actuelle , elle a *un estre* de plus
,, qu'elle n'avoit , & comme si l'Auteur
doutoit encore qu'on conçût assez sa pensée (a) il l'inculque une troisiéme fois dans
le même Chapitre à la fin d'un autre Lemme. L'expression dont il se sert, est tout-à-
fait énergique & des plus remarquables. ,,
,, Enfin, dit-il , le premier point de déter-
,, mination, le mouvement le plus léger &
,, le plus délicat , le plus petit Acte , un
,, souffle, pour ainsi dire , un rayon de vo-
,, lonté , c'est toûjours *un estre* ajoûté à la
,, puissance.

Dans la 3. section, qui traite de la Prémotion Physique touchât les actions de l'esprit
en particulier, on applique aux connoissances de l'entendement ce qui vient d'être dit
des actions de l'ame en général, telles qu'on
les considéroit dans la premiere section : Et
cette application s'y fait en termes également clairs ; les voicy. ,, Il suffit icy de re-
,, marquer que nôtre connoissance est *un*
,, *estre* , que l'objet de nôtre connoissance
,, est aussi un estre; & qu'ainsi connoître un
,, objet, c'est connoître un *estre* , plus un
,, *estre* ,, (b) Ces paroles tirées du second
Chapitre , où elles sont souvent rebattuës,
disent nettement , comme chacun le voit ,
que la connoissance, que j'ay , par exem-

a *pag.* 23.
b *pag.* 108.

ple , du Soleil , n'eſt pas moins un *eſtre* ,
que le corps même du Soleil , qui termi-
ne cette connoiſtance.

Mais c'eſt ſur tout dans le Chapitre quatriéme, qu'il faut entendre parler nôtre Auteur touchant l'eſtre même de nos perceptions , ou de nos connoiſſances. Il développe ainſi ſa doctrine ſur la fin de la premiere
propoſition , & dans les ſuivantes. " (*a*)
Quatriémement, quand de non connoiſ- "
ſant & de non appercevant , on devient "
appercevant ; ou que de moins connoiſ- "
ſant , on de vient plus connoiſſant; il faut "
acquerir un Etre....... Je reprends ce que "
je viens d'avancer, & je dis que la percep- "
tion , ou la connoiſſance de l'eſtre infini "
(il faut dire la même choſe de la con- "
noiſſance des autres objets) cette connoiſ- "
ce , dis-je , eſt un eſtre, ou un néant: on ne "
peut pas dire que cette connoiſſance ſoit "
un néant...... donc la connnoiſſance de "
l'eſtre infini eſt une réalité , c'eſt un "
eſtre...... Un exemple, continuë-t-il, met- "
tra cette queſtion plus au jour, & dans le "
point du denouëment...... Pour faire "
d'un morceau de cire peſant une livre, un "
morceau de cire qui en péſe deux, il faut "
y ajoûter un nouvel eſtre, ſçavoir une livre "
de cire.... (*b*) Je dis de même dans nôtre "

a *pag.* 117.
b *pag.* 118. 119. 120.

A iij

,, queſtion, pour former cette connoiſſan-
,, ce (que l'eſprit n'avoit pas) il a falu luy
,, donner quelque eſtre nouveau. Cette
derniere propoſition avec la comparaiſon qu'elle renferme , eſt étenduë fort
au long & tournée en bien des maniéres
dans tout le reſte du Chapitre. Auſſi faut-
il avoüer qu'elle explique trés-heureuſe-
ment & trés-préciſément la penſée de ce
Docteur , qui eſt , qu'une nouvelle connoiſſance dans l'eſprit , eſt autant un nouvel eſtre ajoûté à l'eſtre de l'eſprit , qu'un
morceau de cire ajoûté à un autre morceau;
& que ſi l'on acquiert pluſieurs connoiſſances , c'eſt autant de differens *eſtres* qui s'en-
taſſent les uns ſur les autres, comme on éleve une muraille en ajoûtant pierre ſur pierre. Car, pourſuit ce merveilleux Géometre,
(*a*) ,, afin qu'un eſprit , qui ne connoît
,, que l'eſtre A. connoiſſe A. plus B. il faut
,, ajoûter à la connoiſſance de A. la con-
,, noiſſance de B. Un morceau de cire d'u-
,, ne livre ne deviendra pas un morceau
,, de cire de deux livres , à moins qu'on n'y
,, ajoûte une livre de cire , qui n'y étoit
,, pas.......Ainſi la connoiſſance de A ſeule-
,, ment, ne ſuffit pas pour connoître A plus
,, B. Donc il faut ajoûter la connoiſſance de
,, B. à la connoiſſance de A. pour connoître

Pag. 120.

l'un & l'autre......Or la cónoiſſance A. eſt "
un *eſtre*, comme on l'a montré; la connoiſ- "
ſance B. eſt auſſi un *eſtre*. Donc la connoiſ- "
ance A, plus la connoiſſance B. eſt un *eſtre*, "
plus un eſtre; par conſéquent l'eſprit n'ac- "
quiert la connoiſſance B. que par addi- "
tion. C'eſt-à-dire, par addition d'un *eſtre* à "
un autre *eſtre*, d'un *eſtre* A. à un *eſtre* B. "

Enfin la quatriéme ſection qui établit la
prémotion Phiſique touchant les actions
de la volonté en particulier, tend auſſi toute entiere à prouver , que chacune de ces
actions eſt un vrai *eſtre* ſur-ajoûté à l'ame.
Là le nouveau Philoſophe juge à propos
pour des raiſons aſſez frivoles, de réduire
au ſeul amour tout ce qui ſe peut appeller
acte de la volonté, aprés quoi il continuë à
débiter ainſi ſa doctrine, ſur tout dans le
Chapitre dixiéme, dont le titre eſt *de l'eſtre
de l'amour.* (a)

Propoſition premiere , L'Amour d'un "
objet, par exemple, l'amour de Dieu, "
n'eſt pas un néant, &c. "

Propoſition ſeconde. Par conſéquent "
l'amour eſt un *eſtre*...... Un morceau de "
cire qui péſe une livre ne devient pas pe- "
ſant de deux livres, à moins qu'on ne luy "
ajoûte quelque eſtre nouveau........ J'ap- "
plique cecy à l'amour , &c. "

a *Pag.* 239.

A iiij

,, Proposition troisiéme. (*a*) Une intelli-
,, gence, qui n'a aucun amour, n'a point un
,, estre équivalent à l'amour ; & de même
,, aussi, une intelligence qui n'a qu'un de-
,, grez d'amour , n'a pas un estre équiva-
,, lent à deux degrez d'amour : ainsi pour
,, former le premier amour , ou pour for-
,, mer un nouveau degré d'amour , il faut
,, a'oûter un degré d'*estre*. ,,

,, Proposition quatriéme. (*b*) Il faut que
,, Dieu forme ce nouveau degré d'estre ,
,, qui est l'amour , ou qui est un nouveau
,, degré d'amour.

,, Proposition cinquiéme (*c*) Un nouveau
,, degré d'amour de...... Démonstration.
,, Le degré d'amour B. ajoûté au degré d'a-
,, mour A est un *estre* , plus un *estre* ; C'est
,, un *estre* ajoûté à un *estre*.

Je crois qu'il seroit superflu & ennuyeux
pour les lecteurs , de transcrire une multitude d'autres passages qui disent la même
chose , & presque toûjours dans les mêmes termes. A peine y a-t-il un mot dans
tout le livre de l'action de Dieu sur les
créatures , qui ait quelque rapport au sujet
de l'ouvrage , qui ne soit une répetition
perpetuelle de ce Dogme favori de l'Auteur ; sçavoir que tout ce qu'on a coûtume

a *Pag* 240.
b *Pag*. 241.
c *Pag*. 243.

de nommer modalitez de l'ame , actes de l'entendement , perceptions , connoissances, actions de la volonté, déterminations, consentemens,amours ; ce sont autant d'*estres* tres-réels , d'*estres* nouveaux produits dans l'esprit , & ajoûtez à son estre.

II.

AU reste , qu'on ne s'imagine pas que cette espéce de Géometre,dont la justesse & la précision ne furent certainement jamais le partage , n'ait manqué icy que d'éxactitude en confondant mal à propos des idées , que le moindre Philosophe,sans se picquer de Géometrie, auroit grand soin de distinguer. Qu'on ne croye pas qu'en prononçant si souvent , & tachant par tout de démontrer , que nos connoissances & nos amours sont des estres ; Il n'ait rien voulu dire autre chose , sinon que ces actes , soit de l'entendement , soit de la volonté , sont des *modifications* réelles , de veritables manieres d'estre de la substance spirituelle à qui ils appartiennent. En ce cas on pourroit seulement lui reprocher, d'avoir parlé peu correctement , & en mal-habile homme , en appellant simplement, un *estre*, ce qui n'est au fond qu'une pure modalité. Mais il n'en va pas ainsi. L'Auteur même a pris de si bonnes pré-

A v

cautions pour éviter ce reproche , qu'on
ne pourroit le lui faire fans une grande
injuftice.

Premièrement, il faudroit , ce me femble , avoir l'efprit bien bouché, pour ne
pas concevoir nettement fa penfée après
cette heureufe comparaifon tirée des morceaux de cire , par laquelle il développe
en deux endroits fa Doctrine , la met au
grand jour , & dans le point du dénoüement. Je les copie ici tout au long ces
deux endroits, que je n'ai fait qu'indiquer
ci-deffus. Voici le premier, ou ce Philofophe parle de la connoiffance de l'entendement : (*a*) ,, Je füppofe , dit-il , un
,, efprit , qui vient d'acquerir la connoif-
,, fance de l'eftre infini qu'il n'avoit point ;
,, ou qui ne connoiffant que tres-peu l'ef-
,, tre infini , le connoît en fuite plus par-
,, faitement. Pofé cette fuppofition , il eft
,, clair que cet efprit n'avoit point cette
,, réalité de connoiffance de l'eftre infini,
,, puis qu'il vient de l'acquerir. Mais je
,, demande , s'il avoit quelque réalité,
,, quelques eftre équivalent ; ou s'il n'en
,, avoit point ? Un exemple mettra cette
,, queftion plus au jour , & dans le point
,, du dénoüement. Un morceau de cire
,, qui pefe une livre , n'a pas un être égal

a. Sect. 1. ch. 4. Prop. 3. pag. 117. 118.

à un morceau de cire qui en pese deux ; "
au lieu qu'un morceau de cire qui a une "
figure ronde , a équivalemment la rea- "
lité d'une figure quarrée. Ainfi pour "
faire d'un morceau de cire pefant une "
livre , un morceau de cire qui en pefe "
deux , il faut y ajoûter un nouvel être, "
fçavoir une livre de cire ; Au lieu que "
pour faire d'un morceau de cire rond, "
un morceau de cire quarré , il n'eft pas "
neceffaire d'y introduire un nouvel eftre, "
il fuffit de ranger differemment les par- "
ties réelles du même morceau de cire. "
Je dis de même dans nôtre queftion : ou "
cet efprit qui n'avoit pas la connoiffance, "
qu'il vient d'acquerir , avoit un eftre "
équivalent à cette connoiffance ; & pour "
lui donner cette connoiffance, il n'a pas "
été neceffaire de lui ajoûter aucun eftre "
nouveau : Ou cet efprit n'avoit pas un "
eftre équivalent ; & pour former cette "
connoiffance, il a fallu lui donner quel- "
que eftre nouveau..... (*a*) Or un efprit "
qui n'a pas la connoiffance de l'eftre "
infini , n'a pas un degré d'être équiva- "
lent à cette connoiffance. Ainfi pour "
former la connoiffance de l'eftre infini, "
il faut un degré d'eftre nouveau , de "
même auffi pour augmenter cette con- "
noiffance. "

a *Propofi ion* 4. *pag.* 119.

Voici le second endroit, qui regarde l'amour de la volonté. „ (*a*) L'amour est
„ un estre. Mais pour examiner ce que
„ c'est que l'être de l'amour, & ce qu'il
„ faut faire pour le produire, il est ne-
„ cessaire de repeter ici ce qui a été dit
„ sur la connoissance, & de supposer une
„ intelligence, qui vient d'acquerir l'a-
„ mour, & qui auparavant n'aimoit point;
„ ou qui vient d'acquerir un nouveau de-
„ gré d'amour de Dieu, & qui aupara-
„ vant avoit cet amour dans un moindre
„ degré. Je demande comment cette in-
„ telligence a acquis son premier amour,
„ ou ce nouveau degré d'amour. Lui
„ a-t'on ajoûté un nouveau degré d'estre,
„ qu'elle n'avoit pas auparavant ? ou bien
„ a-t'on seulement changé & modifié
„ l'estre, qu'elle avoit sans lui rien ajoû-
„ ter ? Un morceau de cire, qui pese
„ une livre, ne devient pas pesant de
„ deux livres, à moins qu'on ne lui ajoûte
„ quelque estre nouveau. Mais un mor-
„ ceau de cire d'une figure ronde peut de-
„ venir d'une figure quarrée, sans addi-
„ tions d'aucun estre nouveau ; La raison
„ de cette difference, c'est qu'un morceau
„ de cire d'une figure ronde a un être égal

a *Sect.* 4, *ch.* 10. *Propositions* 2. *pag.* 39.

& équivalent au morceau de cire d'une "
figure quarrée ; mais qu'un morceau de "
cire pesant une livre n'a pas un estre égal "
à un morceau de cire qui en pese deux. "
J'applique ceci à l'amour, & je demande, "
si une intelligence sans amour à un estre "
égal & équivallent à une intelligence, qui "
a un amour, ou si elle ne l'a pas ; si une "
intelligence avec un degré d'amour a un "
estre équivalent & égal à une intelli- "
gence, qui a deux degrez d'amour, ou "
si elle ne l'a pas, & par consequent, si "
pour former un amour dans une intel- "
ligence, qui n'en a aucun, ou pour "
former un plus haut degré d'amour dans "
une intelligence, qui en a un moindre, "
il faut ajoûter à cette intelligence quel- "
que degré d'estre, ou non ; s'il faut "
augmenter son estre, ou non ? ..... "

(*a*) Or une intelligence, qui n'a aucun "
amour, n'a point un être équivalent "
à l'amour ; & de même aussi une intel- "
ligence, qui n'a qu'un degré d'amour, "
n'a pas un estre équivalent à deux degrez "
d'amour : ainsi pour former le premier "
amour, ou pour former un nouveau "
degré d'amour, il faut ajoûter un degré "
d'être. "

Ce seroit insulter mes lecteurs que de
leurs donner un Commentaire sur ces

a *Proposition* 3. *pag.* 240.

textes. Ils font fi clairs qu'il fuffit d'avoir des yeux pour comprendre d'abord en les lifant, qu'une nouvelle connoiffance, ou un nouvel amour ajoûtez à l'efprit, ne font point de fimples modifications, lefquelles ne fuppofent aucune addition d'un eftre à un autre eftre ; mais que ce font des eftres veritables & proprement dits, des eftres differents de l'eftre de l'efprit fur lequel on les ente, pour ainfi dire ; de même qu'un morceau de cire B. eft un eftre diftingué d'un autre morceau de cire A. au quel on le joint pour faire une même maffe des deux morceaux.

2. C'eft un de ces premiers principes que la lumiere naturelle ne permet à perfonne d'ignorer; que la fimple modalité, ou la fimple maniere d'être d'une fubftance, n'ajoûte rien à fa realité, n'augmente, ni ne diminuë point l'eftre phyfique de cette fubftance ? Un corps, par exemple, n'a ni plus, ni moins de realité, d'eftre, de matiere ; foit qu'il foit en mouvement, foit qu'il foit en repos ; foit qu'il ait une figure ronde, foit qu'il en ait une quarrée. Auffi n'ai-je garde d'imputer à nôtre Philofophe Géometre d'avoir choqué en rien cette notion fi commune & fi claire. Au contraire il l'établit tres-fouvent lui-même, comme il paroît par tout ce que nous en avons déja cité : il a même crû

devoir la poſer dès le commencement de ſon livre pour un des principaux fonde-mens de ſa doctrine. „ Pour donner à la matiere de nouvelles modalitez (ce ſont ſes paroles au chapitre ſecond de la pre-miere ſection) il n'eſt pas neceſſaire d'y ‟ ajoûter de nouveaux degrez d'eſtre: mais ‟ il ſuffit de ranger differemment ſes par- ‟ ties. Je prends dans ma main un nombre ‟ de jettons, je les arrange ſur une table, ‟ j'en fais un quarré, enſuite un triangle, ‟ un hexagone. Ce ſont toûjours les mê- ‟ mes jettons ; & pour former ces diver- ‟ ſes figures, il ne faut que ranger diffe- ‟ remment ces jettons. Il en eſt de même ‟ des parties de la matiere. Eſt-il croyable ‟ que la figure triangulaire, ou que la ‟ quadrature ſoit un eſtre different de ces ‟ jettons arrangez en triangle & en quar- ‟ ré, & que quand je broüille mes jettons ‟ arrangez en quarré, un petit eſtre nom- ‟ mé quadrature s'envole ſur le champ; & ‟ que ſi-tôt que je les arrange, il ſort de ‟ nouveau du ſein du néant, & qu'il va ſe ‟ loger ſur cet arrangement qui vient ‟ d'être formé ? ..... Revenons au vrai, ‟ & retranchons les entitatules inutiles. ‟ Pour faire des quarrez, des triangles, ‟ des cercles, en un mot des figures avec ‟ de la matiere, il ne faut que ranger ‟ differemment ſes parties, les mettre au ‟

„ centre, à la circonference, dans un
„ angle, dans un plein, à droit, à gau-
„ che; Voilà des figures faites, au rabais
„ de toutes les entitatules. En sont-elles
„ moins réelles, quoi qu'on ne fasse point
„ consister leur realité dans des estres sur-
„ ajoûtez ? .... Ce qu'on prouve d'une de
„ ces modalitez, il faut l'étendre à toutes
„ celles, qui sont de la même nature. Je
„ vais plus loin, & je l'applique à certai-
„ nes qualitez exterieures, qui peuvent
„ même regarder les esprits, la ressem-
„ blance, le rapport, la proportion. Ce
„ sont choses réelles, mais qui ne sont
„ que les estres mêmes ressemblants.......
„ Le mouvement de la matiere semblera
„ peut être meriter quelque chose de plus;
„ Mais le mouvement n'est que la produc-
„ tion successive d'un corps en differens
„ voisinages des corps environnans; com-
„ me le repos est la production continuë
„ d'un corps dans le même voisinage; &
„ il est constant que pour être produit tan-
„ tôt dans un lieu, & tantôt dans un autre,
„ un corps n'a pas un degré d'estre de plus
„ ni de moins...... Ainsi je conclus qu'on
„ a beau donner à un corps differentes
„ actions, & differentes modalitez, on ne
„ lui ajoûtera point de nouveaux degrez,
„ d'estre.

pag. 14.

S'il est donc vray , selon l'Auteur , comme il l'assûre au moins mille fois de compte fait ; qu'une connoissance nouvelle, (*a*) qu'un nouvel d'amour , sont des estres des degrez d'estre tout nouveaux , (*b*) ajoûtez & sur-ajoûtez à l'ame : (*c*) Que l'estre de l'esprit ne peut changer que par quelque addition , soustraction , ou substitution de nouveaux degrez d'estre : Qu'une intelligence acquiert une realité , un degré d'estre nouveau, ou qu'elle perd un degré d'estre ancien , toutes les fois qu'elle a , ou qu'elle cesse d'avoir une perception , une détermination ; si dis-je tout cela est vray, on ne peut pas croire que selon luy les perceptions & les connoissances de l'entendement , les déterminations & les amours de la volonté, soient de simples modifications, de pures maniéres d'être de nôtre ame , comme les figures, le mouvement, & le repos sont des modifications , des maniéres d'être du corps. Non, non, encore une fois, ce ne sont point dans son sentiment , des modalitez spirituelles , qui soient à la substance spirituelle, ce que les modalitez corporelles sont à la substance corporelle. Il faudroit être bien chagrin pour éxiger d'un homme qu'il s'expliquât davantage , & pour dire encore qu'on ne l'entend pas.

a pag. 15. *b* pag. 16. *c* pag. 17. &c.

Je conviens néanmoins que ces estres, ces degrez d'être introduit de nouveau dans l'ame, sont souvent appellez dans le Traité de l'action de Dieu, du nom de *modalitez*, quoique manifestement ils ne soient, ny ne puissent être des *modalitez* : ce qui pourroit faire juger, ou que l'Auteur se contredit grossiérement, ou qu'il n'entend pas la signification des termes. Mais pour moy je l'excuse, en me persuadant plûtôt, que la seule necessité l'a obligé malgré lui à user d'un terme, qu'il voïoit bien lui-même n'être pas juste dans son Systême. Effectivement quel autre mot trouveroit-on pour désigner en général tous les changemens qui arrivent à l'ame, lorsqu'elle connoît, qu'elle veut, qu'elle sent, &c. que celui de *modalitez ?* Ne faisons donc point une querelle à nôtre Géometre de s'être servi de ce mot ; puisqu'en même temps il a eu soin, suivant les regles de son art, de nous avertir à chaque page de son livre, qu'il ne le prenoit nullement dans le sens, qui luy convient naturellement, & où tous les autres hommes le prennent.

Troisiémement. C'est encore une vérité connuë par elle-même qu'une substance contient en *puissance*, comme parle l'Ecole, toutes les differentes maniéres d'estre, dont elle est capable, entant que toutes ce maniéres d'estre peuvent se tirer, pour ainsi dire,

de fon fein, fortir de fon fond. L'écrivain,
que je réfute n'en difconviendra pas. Car
voicy , comme il parle à propos des modalitez de la matiére en particulier.(a)
Quoyque cette maffe de matiere , qu'on "
fuppofe avoir une figure ronde , n'ait "
pas en même temps la figure cubique, "
elle en contient néanmoins toute la "
réalité......... Elle la contient équivalem- "
ment , il n'eft point néceffaire pour la "
former , d'y introduire aucun eftre nou- "
veau...... Non feulement le morceau de "
cire contient toute la réalité de la figure "
cubique , qu'il n'a pas ; Mais il contient "
même dans fon fein une infinité de figu- "
res plus petites , que cette grande figure "
dont il eft terminé & environné. "

Il eft donc évident, que s'il ne regardoit
nos connoiffances actuelles, & nos amours
actuels, & generalement tout ce qui fait ,
ou ce qui fuppofe dans nôtre ame quelque
changement , que comme de pures maniéres d'eftre , & de fimples modalitez de la
fubftance de nôtre efprit , qui fuffent à l'é-
gard de cette fubftance fpirituelle , ce que
font les figures à l'égard d'une matiére ; il
eft, dis-je , évident, qu'il prononceroit de
celles là , comme de celles cy ; fcavoir que
l'efprit , qu'on fuppoferoit n'avoir qu'une

____

a. *Ibid. pag.* 16. 17.

de ces modalitez , ne laisse pas de contenir la réalité de toutes les autres; qu'il contient équivalemment toutes celles , dont il
est susceptible à l'infini , qu'il n'est point
nécessaire pour en former quelqu'une dans
lui , d'y introduire aucun être nouveau.

Néanmoins il prononce & enseigne tout
le contraire , sçavoir que pour donner à
l'esprit une nouvelle connoissance , ou un
nouveau degré de connoissance , l'amour
de quelque objet , ou un amour plus fort
plus parfait de ce même objet , la moindre perception, un souffle , un rayon de volonté , &c. il est nécessaire d'ajoûter à
cet esprit un estre nouveau , il est necessaire
d'augmenter l'estre de cet esprit d'autant de
nouveaux degrez (a) d'être tellement differents ; comme pour faire qu'un morceau de cire pesant une livre, en pése deux,
ou trois, ou quatre ; il faut augmenter sa
masse en lui ajoûtant, un ou deux, ou trois
autres morceaux de même pesanteur. Il nie
absolument que l'ame contienne équivalemment, ou *en puissance* la réalité des modalitez qu'elle n'a pas. (b) ,, Nous sentons,
,, dit-il, que nos pensées , varient , nos
,, plaisirs, nos amours......Or ces nouvelles
,, pensées ; ces nouveaux degrez d'amour
,, étoient-ils auparavant dans l'ame, ou n'y

a Sect. 1. chap. 3. pag. 21.
b Sect. 1. chap. 2. pag. 17.

étoient-ils pas ? On ne dira pas qu'ils y ``
étoient , puisqu'on suppose qu'on vient ``
de les y mettre. Tout ce qu'on pourroit ``
dire c'est qu'ils y étoient équivalemment. ``
Mais ce seroit une pensée absurde & in- ``
tolerable. ``

Par conséquent nos connoissances , nos
amours , & généralement tout ce que le
nouveau Géometre appelle modalitez de
l'ame , ne font en effet suivant sa Géometrie rien moins que des modalitez , ou de
pures maniéres d'estre de l'ame.

Quatriémement , un estre , ou un degré
d'ètre simple , tiré du pur néant, par l'operation toute puissante de Dieu comme créateur des choses visibles & invisibles ; un
estre , ou un degré d'estre , que ny l'ame,
ny nulle créature ne peut produire ; parce
qu'il faudroit pour cela supposer dans la
créature une vertu infinie, & le pouvoir de
donner l'éxistence à tant d'estres, qu'il luy
plairoit d'en créer à l'infini ; un tel estre,
dis-je , soit qu'on le nomme simplement
estre , ou qu'on l'appelle un *Degré d'estre* ,
put-il jamais passer pour une simple modalité , laquelle ne résulte que d'une certaine
maniére d'être de la substance , où elle est
reçûë comme dans son sujet ?

Tel est toutes fois le langage du traité de
l'action de Dieu. Qu'on lise le Chapitre
de la premiere section touchant la pro-

duction des actions spirituelles. (*a*) On y trouvera presque à chaque ligne ces propositions. Quand l'ame acquiert une connoissance , ou un nouveau degré d'amour ; C'est un nouvel estre , un nouveau degré d'estre, qui s'éleve dans le monde : & si nôtre ame en est la seule cause,il faut que nôtre ame ait le pouvoir de tirer un estre du néant , ce que l'on ne peut soûtenir. Il faut qu'elle tire du néant ce qui luy manque pour avoir l'action , l'ors qu'elle n'a que le pouvoir , & par conséquent qu'elle ait la puissance de tirer du néant certains degrez d'estre , ce qui répugne à toute raison. Si l'ame a la vertu de tirer du néant certains degrez d'estre , tels que sont ses connoissances , ses amours , ses déterminations , elle produira des estres à l'infini.Car la seule difficulté , qu'il y ait , de faire passer du néant à l'estre, & de donner l'existence à ce qui n'existoit ny formellement , ny équivalemment ; cette difficulté une fois levée, il n'en coute pas moins pour produire un estre que pour en produire deux trois,mille , une infinité....... L'ame ne tire donc point des estres du néant. Tout estre , qui s'éleve dans le monde , est l'ouvrage de celui qui est le créateur des choses visibles & invisibles.

a *pag.*26. 27.

L'Auteur est si persuadé de cette opinion, qu'il déclare nettement, (*a*) que la production de ces degrez d'estre est une action du même genre que la création du monde. Il seroit même en droit d'en prendre occasion de faire aux impies une moralité tres-édifiante , qui se lit à la fin du chapitre huitiéme de la troisiéme secction, en ces termes. ,, (*b*) Ces nouveaux de- "
grez d'estre , que l'ame acquiert ne se "
forment point par un arrangement & "
par une combinaison de parties , ny par "
la *composition* de l'estre , qu'elle avoit ; "
il y faut du neuf. Or sur quel pied les "
impies pourront-ils contester la création "
primordiale de tous les estres du monde, "
si on leur montre des production de de- "
grez d'estre tout nouveaux ? "

Cinquiémement enfin , on n'accusera jamais d'avoir pris pour de simples modifications de l'esprit, ses pensées, ses amours, ses consentemens, ses déterminations, &c. un homme qui fait ce raisonnement. Il ne peut se faire dans aucune substance de changemens réels , qu'en l'une de ces deux maniéres : Ou par differens arrangemens de parties réellement distinguées : Ou par addition , ou soustraction de nouveaux es-

a Sect 2. chap. 4 pag. 44.
b Sect 3. chap. 8. pag. 146.

tres, de degrez d'être réellement différens, dont Dieu mette tantôt l'un, tantôt l'autre, dans cette substance; & l'ôte aussi quand il lui plaît. Or la substance spirituelle, l'ame, étant un estre simple, qui n'a point de parties ; elle ne peut pas être changée de la premiere façon ; cela ne convient qu'à la substance corporelle , à la matiére, qui a des parties réellement distinguées , & capables d'arrangemens différens. Donc il n'arrive à la substance spirituelle , à l'ame, aucun changement que Dieu ne produise, en mettant en elle qnelque estre nouveau , quelque degré d'estre , qu'elle n'avoit pas , ou bien en luy ôtant quelque estre ancien, quelque degré d'estre , qu'elle avoit. Encore un coup , un homme qui appuye toute sa Doctrine sur ce raisonnement , ne peut certainement pas être soupçonné de penser , que l'ame soit capable de recevoir des modalitez , qui ne soient que de pures maniéres d'être de sa substance spirituelle, lesquelles n'ajoûtent rien à la réalité de cette substance, comme la matiére est capable de modalitez, qui ne sont que de certaines maniéres d'estre de la substance corporelle , à la réalité de la quelle elle n'ajoûtent rien.

Mais est-ce effectivement là le sentiment de l'Auteur ? ses propres paroles en feront foy: Je prie seulement qu'en les lisant on fasse réflexion , que s'il employe

dans

dans son discours le terme de *modalitez*
c'est , comme nous avons déja remarqué ,
la pure necessité qui l'y oblige, quoy qu'il
soit évident qu'il attache à ce mot , lors
qu'il l'applique à l'esprit, un sens tout contraire à sa signification naturelle. Les voicy donc ces paroles extraites du chapitre
second de la premiere section. ,, (*a*) Je
ne conçois des modalitez réellement dif- "
férentes dans un même être qu'en deux "
maniéres ou parce que ce sont des arran- "
gemens réellement différens d'un estre , "
qui a des parties réellement distinguées ; "
ou parce que ce sont différens degrez d'ê- "
tre. On ne peut point dire le 1. touchant "
les modalitez de nôtre ame, puis que l'a- "
me n'a point de parties réellement dis- "
tinguées. Disons donc que les modalitez "
différentes de nôtre ame sont différens "
degrez d'estre ; C'est-à-dire , que Dieu la "
produit tantôt avec un certain degré "
d'estre , & tantôt avec un autre ; & que "
lorsque sans en dépoüiller l'ame de ce "
qu'elle avoit , il luy ajoûte de nouvelles "
modalitez , ce sont de nouveaux degrez "
d'estre , qu'il luy ajoûte. Ces dernieres "
paroles prouvent bien clairement aux personnes un peu attentives , ce que j'ay prié
qu'on remarqua touchant le terme de
modalitez.

    a *pag.* 14. 15. 16.

B

L'Auteur continuë ainsi. ,, Donnons un
,, autre tour à ce raisonnement. Il y a cer-
,, taines qualitez , qui ne changent point
,, réellement l'ame ; la ressemblance, par
,, exemple...... maintenant je n'ay pas des-
,, sein de parler de ce genre de qualitez......
,, Je parle des qualitez , qui changent
,, réellement & interieurement une ame.
,, lors qu'on passe d'une moindre connois-
,, sance à une connoissance plus étenduë ,
,, de la douleur au plaisir , de l'indifféren-
,, ce à l'amour ; certainement on ne de-
,, meure pas le même , on ne passe point
,, du néant au néant, & le changement qui
,, se fait alors est aussi réel , qu'il est inté-
,, rieur. Or en quoy consiste un tel chan-
,, gement ? Je comprends aisément qu'il
,, se fait un changement réel dans la ma-
,, tiére sans qu'on y introduise aucun *estre*
,, *nouveau*. La matiére a des parties réelle-
,, ment distinguées , on n'a qu'à arranger
,, différemment ces parties. L'être de la ma-
,, tiére demeurera toûjours le même ; ses
,, arrangemens seront réellement diffé-
,, rens. Mais pour l'ame, ce n'est plus la mê-
,, me chose , l'ame est un estre & un estre
,, simple , elle n'a point de parties , & n'est
,, point capable de recevoir par cet endroit
,, aucun changement. S'il se fait donc en
,, elle un changement réel , il faut que ce
,, soit dans son estre même qu'il se fasse ,

son estre qui est un & simple , ne chan- "
gera jamais réellement , s'il n'acquiert "
une realité , c'est-à-dire , quelque degré "
d'estre nouveau ; ou s'il ne perd quelque "
degré *d'estre ancien.* Car si cet estre ne "
s'acquiert rien , s'il ne perd rien de ce "
qu'il avoit , je soûtiens qu'il demeure le "
même,& qu'il ne s'y fait aucun change- "
ment réel. Si donc l'ame n'est point im- "
müable, & si au contraire l'experience & "
la raison nous apprennent que l'ame est "
susceptible des changemens réels, il faut "
convenir que ce changement se fait par "
quelque degré d'estre,qui est ajouté à l'a- "
me,ou dont elle est privée...L'esprit étant "
un.... Son estre ne peut changer que par "
quelque addition, soustraction,ou substi- "
tution de degrez d'estre. Voici encore "
quelques preuves de la même verité, &c. "
On peut lire tout le reste du chapitre , qui
est bien long,quoiqu'on ne fasse qu'y répe-
ter ce qui vient d'être dit,aussi bien que dás
le chapitre suivant, dont je copie encore ce
peu de mots. (*a*) Cette détermination "
actuelle, qui n'étoit pas dans cette intel- "
ligence au moment A , & qui y est au "
moment B. est-ce un néant ? ..... C'est "
quelque chose de réel , dira-t'on : mais "
il ne s'ensuit pas pour cela que l'intelli- "

a Pag. 21.

,, gence, qui a une détermination , qu'elle
,, n'avoit pas , ait un *eſtre nouveau* , qu'elle
,, n'avoit pas. Car dira-t-on, c'eſt auſſi une
,, choſe réelle, qu'un morceau d'argile ſoit
,, converti en un vaſe d'honneur , ou un
,, vaſe d'ignominie ; & cependant le mê-
,, me eſtre de l'argile demeure toûjours
,, ſans addition ny diminution dans tous
,, ces changemens. Un vaiſſeau, qui ſuit le
,, courant d'un fleuve eſt déterminé à aller
,, vers un bord , ou vers un autre bord ;
,, cette difference eſt quelque choſe de
,, réel ; cependant , dira-t'on , le vaiſſeau
,, n'a point un eſtre de plus.

Cette objection, que l'Auteur ſe propo-
ſe , eſt bien capable , comme on le voit ,
d'éclaircir ſa penſée par la réponſe , qu'il
y donnera , ſi par cette réponſe il avouë ;
qu'une intelligence en recevant une détermination , qu'elle n'avoit pas ; reçoit un
eſtre nouveau, qu'elle n'avoit pas , a un *eſtre*
de plus qu'elle n'avoit. Car aſſûrément cela ne pourra plus s'appeller , une ſimple
modalité, une pure maniere d'eſtre ; par laquelle la ſubſtance intelligente , ſans être
plus qu'elle n'étoit , ſans avoir plus de
réalité Phyſique & abſoluë qu'elle n'en
avoit , eſt ſeulement d'une autre façon
qu'elle n'étoit , *ſe habet alio modo* : c'eſt le
même eſtre , qui exiſte en differentes manieres , & comme ſous differentes formes.

Ou bien que nôtre grand Géometre donne donc au genre humain une autre notion de *modalité* , s'il eſt aſſez different des
autres hommes pour ne pas reconnoître
celle-cy.

Or ſa réponſe à l'objection eſt juſtement telle , qu'on devoit l'attendre de ſon
carractere d'eſprit. (*a*) Oüy , dit-il , "
j'en conviens (que la figure , & le mou- "
vement ne ſont point des eſtres nouveaux "
ajoûtez aux corps.) Mais il ſeroit bien "
étrange de raiſonner des intelligences "
ſur le pied des eſtres corporels.......L'eſ- "
prit n'a point de parties réelles , il ne "
change donc point réellement par les di- "
vers arrangemens des parties.... Il faut "
donc que ſes déterminations,ſi elles ſont "
réelles , ſoient des degrez d'être réelle- "
ment differens ; car on ne connoît que "
deux maniéres de changer réellement , "
ou de recevoir divers arrangemens réel- "
lement differens ſelon ſes differentes "
parties , ſans avoir un eſtre different ; "
Ou d'avoir quelque degré d'être réelle- "
ment different. Lors donc qu'une intel- "
ligence qui n'avoit que le pouvoir de ſe "
déterminer dans le moment précedent , "
a de plus une détermination actuelle, el- "
le a un eſtre de plus qu'elle n'avoit. "

a *Ibid.*

B iij

Aprés cela , je défie le plus hardy ca-
lomniateur d'oser dire que le Géometre
prédeterminant ne regarde les perceptions,
les déterminations , les sentimens de l'esprit que comme de pures modalitez , ou
manieres d'être de la substance spirituelle ;
ainsi que les regardent tous les autres hommes instruits par le sens commun dont
chacun d'eux a sa portion.

Peut-être cependant quelqu'un pourroit-il encore faire une mauvaise chicanne
en prétendant , ou faisant semblant de
prétendre , que tout ce beau raisonnement
du nouveau prédeterminant ne veut rien
dire autre chose, sinon que les modalitez de
l'esprit, connoissances , amours, sentimens,
&c. ne consistent pas dans des arrangemens
de parties réellement distinguées , à cause
que l'esprit est un estre simple & sans parties ; comme les modalitez du corps, figure, mouvement, repos, &c. consistent dans
de tels arrangemens , à cause que la matiére est composée de différentes parties.

Mais j'ay dit , & je le répete , que ce ne
seroit là qu'une mauvaise chicanne , avan-
cée sans fondement , & contre toute apparence , afin de faire mal à propos douter ,
quel a été le veritable sentiment d'un Auteur fort disert qui n'a point épargné les
paroles & les tours, pour expliquer sa pensée. Car en premier lieu quel est l'homme

assez ignorant pour ne sçavoir que quand on dit, que l'esprit a ses modalitez, comme le corps a les siennes; on est néanmoins bien éloigné de croire, que les modalitez de l'esprit consistent en des arrangemens de parties, de même que les modalitez du corps? Qui ne sçait au contraire que cette proposition n'a, ny ne peut même avoir d'autre sens raisonnable, sinon, que les modalitez de l'esprit sont autant des manieres d'estre de la substance spirituelle que les modalitez du corps sont des manieres d'être de la substance corporelle; quoyque la nature des unes & des autres soit aussi differente, que l'esprit est different du corps? Ce seroit donc avoir une bien miserable idée du deffenseur de la Prémotion Physique, que de penser qu'il eût employé plusieurs Chapitres de son livre, & se fût épuisé en de longs raisonnemens, pour prouver une chose, dont personne ne sçauroit douter; ou pour réfuter une impertinence, qui saute aux yeux de tout le monde.

En second lieu, si ç'eût été là tout son but, de montrer que les modalitez de l'esprit ne consistent pas comme celles du corps, dans des arrangemens divers de parties réellement distinguées; il lui auroit suffit de dire une fois ce qu'il dit trois ou quatre, sçavoir que l'estre de l'esprit étoit un & simple, n'avoit point de parties; car delà il s'ensuit naturellement , sans même qu'il soit nécessaire de le faire remarquer , que ce seroit une grande absurdité de s'imaginer que ses modalitez ne fussent comme les modifications de la matiere, que des arrangemens differens des parties réellement distinguées.

En troisiéme lieu , qu'on se rappelle ce beau passage , que nous vous avons déja cité , ou l'Auteur comparant la production de ces nouveaux degrez d'être avec la création primordiale du monde , (a) ,, dit ,, qu'ils ne se forment point par un arran ,, gement de parties, ny par la composition ,, de l'estre de l'ame. Ce terme de *composition* de l'être de l'ame, opposé à celuy d'arrangement de parties peut-il signifier autre chose , qu'une maniere d'être telle qu'elle puisse être differente de l'arrangement des parties ? si donc ces degrez d'estre ne consistent pas plus selon l'Auteur dans aucune *composition* de l'estre de l'ame , que dans un arrangement de parties ; ils ne sont nullement selon lui de simples manieres d'estre de l'ame.

Mais en quatriéme lieu, nôtre prédeterminant se récrieroit lui même de toutes ses forces contre ce qu'on veut icy lui imputer. Non , diroit-il , je n'ay pas seulement

a *Sect.* 3. *ch.* 8. *pag.* 146.

prétendu montrer , comme on voudroit
me le faire accroire , que les modalitez de
l'ame ne confiſtent pas, ainſi que les modalitez du corps dans des arrangemens de
parties : Mais j'ay prétendu aſſùrer. puiſque
je l'ay aſſùré mille fois , & dans les termes
les plus nets, & les plus précis ; que ce que
tous les autres hommes appellent des *mo-*
dalitez de l'ame , ne ſont point en effet des
modalitez quoy que je me ſois trouvé dans
la néceſſité de me ſervir moi-même de ce
mot , faute d'autre.

Je l'ay , dis-je aſſùré , & dans les termes les plus clairs ; puis qu'à chaque page
de mon livre j'ay déclaré que ces prétenduës modalitez ſont de vrais eſtres,de nouveaux eſtres ; ou ſi l'on veut , des degrez
d'être réellement differens que Dieu introduit dans l'ame , qu'il ajoûte & ſur-ajoûte
à l'eſtre de l'ame. Etres ou degrez d'eſtres ,
que l'ame n'avoit pas même équivalemment , ou en puiſſance , avant que de les
avoir acquis; qu'elle ceſſe en tous ſens d'a-
voir dés qu'ils lui ſont ôtez ; quoy qu'elle
ne commence pas pour cela,ny ne ceſſe pas
d'avoir ſon propre eſtre toûjours un & ſimple , toûjours égal à lui-même : eſtres &
degrez d'eſtre , dont le nombre augmente
& diminuë dans l'ame par addition,& ſouſ-
traction. Etres & degrez d'eſtres , qui ne
ſont pas plus l'eſtre de l'ame , qu'un mor-

B v

ceau de cire B. pefant une livre , eſt un morceau de cire A. pefant auſſi une livre. Eſtres & degrez d'eſtre , qui ſont joints à l'eſtre de l'ame afin de le rendre connoiſ-ſant , ou voulant , de même qu'on joint enſemble deux morceaux de cire peſans chacun une livre pour en faire une maſſe , qui péſe deux livres. Eſtre ou degrez d'eſ-tres enfin, (*a*) qui ne ſçauroient eſtre pro-duits que par voie de création, dont aucun ne ſçauroit s'élever de nouveau dans le monde , ſi Dieu par ſa toute-puiſſance ne le tire du néant , comme il en a tiré la ma-tiere , & ne lui donne l'exiſtence en quali-té de créateur des choſes viſibles & inviſi-bles.

Je demande maintenant aux gens , qui feroient les plus obſtinez à ne vouloir pas croire que nôtre Auteur ait eu par rapport à la nature des actions humaines, ſoit con-noiſſances de l'entendement , ſoit amours de la volonté , un ſentiment auſſi étrange que celui, qu'on vient d'expoſer ; je leur demande , comment ils pourroient deſor-mais s'y prendre pour juſtifier leur opiniâ-treté? Pour moi j'avouë que je ne vois pour eux aucune reſſource. Ainſi je me flatte d'ê-tre venu à bout, comme je me l'étois pro-poſé au commencement de ce Chapitre, de

_____

a. Sect. 1. ch. 4. pag. 26. 27.

tirer dé la bouche même de l'Auteur du
traité un aveu clair & sans équivoque de
son principe fondamental ; principe si bifarre , que sans cet aveu je n'aurois ofé le
lui imputer , quelque sûr que je me tinffe
de l'avoir vû dans son livre.

III.

COmme ce principe est la baffe de tout
le traité , & que l'avoir bien mis en
évidence , c'est ce me semble, avoir découvert l'endroit foible de tout l'Ouvrage,
c'est même l'avoir à demi renversé : je prie
qu'on me permette de le reduire ce principe , à un point encore plus fixe , que nous
tâcherons de ne jamais perdre de vûë dans
toute la suite de cette réfutation. Et puis
que nôtre Auteur a tant d'inclination pour
la méthode Géometrique , qu'il voudroit
bien, si cela se pouvoit, se faire paffer pour
Géometre ; afin de m'accommoder à son
goût , je vais proceder Géometriquement,
foit donc.

DEFINITION.

J'entens avec toutes les Ecoles par ce
mot *substance* un estre abfolu , c'est-à-dire,
un estre qui se conçoit feul ; estre dont l'i-
dée ne renferme point l'idée d'aucun au-

tre estre ; un estre par conséquent , qui
existe , ou qui peut exister seul , en soi-même, ou par soi-même,indépendemment de
tout autre estre comme sujet de son existence. *Ens per se.*

J'entens de même avec toutes les Ecoles
par ce mot, *modalité* , une maniere d'estre
essentiellement relative à quelque substance,comme au sujet dans lequel elle est conçûë & elle existe ; Maniere d'estre,par conséquent qui ne sçauroit , ny se concevoir
seule, parce que son idée n'est qu'une modification de l'idée même de son sujet ; ny
exister seule , en soi & independemment de
la substance qui est son sujet , parce qu'elle n'est réellement que cette substance même , en tant que modifiée de telle , ou telle façon. Ainsi la figure triangulaire n'est
qu'une portion d'étenduë bornée par trois
lignes.

PREMIERE DEMANDE.

Outre la substance & la pure modalité,
les Philosophes & les Theologiens font
mention d'une troisiéme espece d'estre ,
mitoïenne entre ces deux prémiéres, qu'ils
nomment *accident absolu.* Ils le nomment ,
accident, parce que , disent-ils , il est tel ,
que dans l'ordre naturel des choses il ne
peut ny être conçû , ny exister que dans

quelque substance , comme dans son sujet
propre. Ils le disent néanmoins *absolu* , parce que par un miracle , qui déroge à l'ordre naturel , il peut être séparé de son
sujet , & exister seul ; quoyque dans cet
état là même , qui est surnaturel, il conserve toûjours une espece d'exigence d'estre
dans son sujet naturel. Mais je suppose ,
comme il est tres - évident , que nôtre
Auteur n'a jamais pû avoir en vûë cet accident absolu.

Car premiérement il fait profession d'estre nouveau Philosophe , & il l'est en effet,
aussi bien que trés-nouveau Géometre. Or
les nouveaux Philosophes , ces Philosophes à la mode rejettent avec mépris cet
accident absolu , ils s'en mocquent & rail-
lent les bons Peripatheticiens , d'avoir introduit dans leur Philosophie cette imagination creuse , ainsi qu'ils l'appellent.
Pour les Géometre ils ne reconnoissent
point non plus en Géometrie d'accident
absolu: car ils ne s'occupent que de l'étenduë & de ses modalitez.

Secondement il se divertit lui-même en
plusieurs endroits de son livre aux dépens
des petites entitez , (a) des *entitatules* de
la vieille Philosophie. Il n'a donc garde
de reconnoître des accidens absolus ; car

_____

a. Sect. 1. chap. 2. pag. 13. &c.

c'eſt juſtement le nom d'*entitatules* qu'on leur donne quand on les rejette ; & s'il les admettoit, il auroit à ſe reprocher d'avoir admis des *entitatules*.

Troiſiémement enfin, quoyque je ne croïe pas l'Auteur incapable des idées les plus biſarres, je ſuis néanmoins bien perſuadé, que tout le monde eſt convaincu, qu'il n'a jamais prétendu ny ne prétendra jamais que les actions de l'eſprit, ſoit de l'entendement, ſoit de la volonté, ſoient des accidens abſolus, & qu'il ne me contredira pas, ſi j'aſſûre que cette troiſiéme eſpece d'eſtre n'eût jamais chez lui la moindre ombre de la réalité. C'eſt pour cela que je n'ay parlé dans ma définition que de la ſubſtance & de la modalité, & que je me crois bien fondé à demander icy qu'on m'accorde, que dans ma diſpute avec le Philoſophe prédéterminant l'accident abſolu doit être regardé comme un pur néant, ou comme une chimere, dont il n'y a nulle mention à faire.

SECONDE DEMANDE.

Les connoiſſances & les amours, les perceptions & les déterminations de l'eſprit créé, de l'ame ſont quelque choſe de réel. Nôtre Géometre en convient, & avec raiſon ; car, comme il dit fort bien, ou ces déterminations, perceptions, &c. font quelque chofe de réel , ou elles ne font rien. Or on ne peut pas dire qu'elles ne foient rien. Donc elles font quelque chofe de réel. En effet on a vû cy-devant , qu'il les nomme des eftres.

TROISIÉME DEMANDE.

Selon nôtre Auteur , ces connoiffances & ces amours , ces perceptions & ces déterminations de l'ame & de tout efprit créé, ne font point de pures modalitez , ou de fimples manieres d'eftre de la fubftance fpirituelle ; ny à plus forte raifon d'aucune autre fubftance créée. Et quand il les appelle des *modalitez* , il ne prend point ce mot dans le vrai fens qui lui convient , & que nous avons établi dans nôtre définition. Tout ce que j'ay dit dans ce Chapitre n°. 1. & n°. 11. prouve inconteftablement cette propofition. Ainfi j'ay droit de demander icy , qu'on me l'accorde , puis que je l'ay demontré par avance.

AXIOME.

Tout ce qui eft quelque chofe de réel, eft ou fubftance , ou fimple modalité & pure maniere d'étre de quelque fubftance. Cet Axiôme eft reçû fans contredir : il eſt même celebre , & paſſe pour un grand principe chez tous les nouveaux Philoſophes Cartéſiens & Malebranchiſtes au nombre deſquels ſe met nôtre nouveau Géometre. L'ancienne Philoſophie elle-même ne peut rien oppoſer contre cet Axiôme que ſes entitatules & ſes accidens abſolus : mais cette oppoſition n'eſt pas recevable icy , ſelon la premiére demande. Par conſéquent nôtre Axiôme eſt inconteſtable. Venons maintenant à des propoſitions.

PROPOSITION. I.

LEMME.

Les connoiſſances & les amours, les perceptions & les détetminations , en un mot toutes les actions de l'eſprit humain , ſont ou des ſubſtances, ou des manieres d'eſtre, & de pures modalitez de quelque ſubſtance.

DEMONSTRATION.

Ces connoiſſances , ces amours, ces perceptions , ces déterminations ; en un mot, toutes ces actions de l'eſprit humain , ſont quelque choſe de réel , par la ſeconde demande. Or tout ce qui eſt quelque choſe de réel , eſt ou ſubſtance , ou ſimple modalité & maniere d'être de quelque ſubſtance , par l'Axiôme. Donc ces connoiſſances, ces amours , &c. ſont , ou des ſubſtances ; ou des manieres d'ètre , de pures modalitez de quelque ſubſtance : ce qu'il falloit démontrer.

PROPOSITION. II.

THÉORÉME.

Selon l'Auteur du traité de l'action de Dieu ſur les créatures , les connoiſſances & les amours , les perceptions , & les déterminations, en un mot toutes les actions de l'eſprit humain , ſont des ſubſtances.

DEMONSTRATION.

Les connoiſſances , les amours, les perceptions, les déterminations, en un mot , toutes les actions de l'eſprit humain ſont , ou des ſubſtances , ou de pures modalitez & manieres d'être de quelque ſubſtance , par le Lemme. Or ces connoiſſances , ces amours, &c. ne ſont pas, ſelon l'Auteur , de ſimples modalitez & manieres d'être de la ſubſtance ſpirituelle , ny de quelqu'autre ſubſtance créée que ce puiſſe être , par la troiſiéme demande. Donc , ſelon l'Auteur,

les connoiſſances & les amours , les perceptions , (& les déterminations) en un
mot toutes les actions de l'eſprit humain ,
ſont des ſubſtances: ce qn'il falloit démontrer.

PROPOSITION III.

COROLLAIRE.

Selon l'Auteur , les conmoiſſances , les
amours , & toutes les actions de l'eſprit ;
ſont autant de ſubſtances ajoûtées à la ſubſtance de l'eſprit ; comme trois differens
morceaux de cire , B. C. D. Sont autant de
corps ajoûtez à un premier morceau A.
lorſqu'on fait une même maſſe des quatre
morceaux.

DEMONSTRATION.

Selon l'Autenr , les connoiſſances , les
amours , & toutes les actions de l'eſprit ,
ſont autant de ſubſtance par le Théoréme.
Mais ſelon l'Auteur encore , ces connoiſſances , ces amours , ces actions de l'eſprit,
ſont autant d'eſtres ajoûtez à la ſubſtance
de l'eſprit ; comme trois différens morceaux de cire B , C , D. ſont autant de
corps ajoûtez à un premier morceau A.
lorſqu'on fait une maſſe de quatre mor-

ceaux. C'eſt ſa propre comparaiſon, ainſi qu'on à vû cy-deſſus. Donc ſelon l'Auteur les connoiſſances, les amours, & toutes les actions de l'eſprit, ſont autant de ſubſtances ajoûtées à la ſubſtance de l'eſprit, comme trois différens morceaux de cire B, C, D, ſont autant de corps ajoûtez à un premier morceau A. lorſqu'on fait une maſſe des quatre morceaux. Ce qu'il falloit démontrer.

SCHOLIE.

Ces ſubſtances ajoûtées à la ſubſtance de l'eſprit humain, ſont, auſſi bien que l'eſprit, des ſubſtances ſimples, & ſpirituelles, puis que ce ſont des connoiſſances, & des amours. Car des connoiſſances & des amours ſont quelque choſe de ſpirituel, qui n'a point de parties ; comme le nouveau Philoſophe l'enſeigne fort bien lui-même. (*a*) *Sect. 3. & ſect. 4.*

Il ne manqueroit plus à cette ordonnance Géometrique des ſentimens de nôtre Auteur, pour la rendre complete, que quelques problêmes ſur le caractére de ſon eſprit, & ſur la nature de ſon Ouvrage. On pourroit, par exemple, propoſer cette queſtion à réſoudre ; ſçavoir ſi le Docteur veil-

a *Pag.* 119. 240.

loit ou dormoit , étoit en délire , ou en
bon fens ; lors qu'il a debité tant de belles chofes ? Mais on fera encore plus en
état de faire la réfolution de ce Problême ,
& de plufieurs autres femblables , quand
on aura mieux approfondi dans les Chapitres fuivans fon merveilleux principe.
Il fuffit préfenfement de l'avoir expofé
d'une maniere à pouvoir efperer , qu'il
n'y aura deformais perfonne , qui ne le
voie , & ne le connoiffe bien.

CHAPITRE II.

OU L'ON CONSIDERE en lui-même le principe du Traité de l'action de Dieu.

LE Principe fondamental du traité de l'action de Dieu sur les créatures , tel que nous l'avons découvert & exposé dans le chapitre précedent, est de la nature de ces choses , qui surprennent , qui étonnent , qui étourdissent même si fort l'esprit à la premiere vûë , que quand l'ame avec le temps a repris son assiétte naturelle , elle ose à peine se persuader qu'elle ait vû , qu'elle ait entendu , ce qu'elle a vû & entendu. Elle doute quasi si ce n'est point un songe , qui lui a fait illusion. Il faut qu'aprés s'être rassûrée , elle se rapproche de cet objet , qu'elle le considere de sang froid , qu'elle le regarde fixément pour le bien reconnoître.

Allons donc, remettons nous devant les yeux cet étrange principe , qui peut-être

d'abord nous a trop frappé , pour être affez diftinctement apperçû. Ce principe ;
c'eft que chaque perception , chaque connoiffance de nôtre entendement , chaque
action , chaque détermination de nôtre
volonté, eft une fubftance fimple fpirituelle , ajoûtée à la fubftance de l'ame ; tout
comme un morceau de cire joint à un autre morceau de cire , eft un corps ajoûté à
un corps. Si l'on fent encore malgré foi
quelque répugnance à m'en croire , quoyqu'on fe fouvienne fort bien qu'on l'a entendu de la bouche même de fon Auteur ;
qu'on relife ce qu'on a déja lû , qu'on fe
rappelle les propofitions du nouveau Philofophe , que nous avons extraittes en
grand nombre de fon livre.

I.

MAis , dira-t-on , ce principe ainfi
confideré de fens raffis , n'en pa-
roîtra que plus ce qu'il eft;fçavoir un principe ridicule , impertinent , abfurde. Car
enfin qui pourroit jamais croire , qu'il y
eût du bon fens à dire , qu'un acte de l'entendement humain, qu'une détermination
de ma volonté , foit une fubftance : que
quand j'apperçois & connois un objet ;
quand à une propofition qu'on me fait , je
réponds *oüy* , ou *non* ; cette propofition ,

cette connoiſſance , ce *oüy* ce *non* , ſoient autant de ſubſtances produites tout récemment dans la nature , où elles n'étoient pas un inſtant auparavant ? Certes quoyqu'il y ait peu d'extravagances imaginables , qui n'euſſent été dites par quelque biſarre Philoſophe dés le temps de Ciceron , c'eſt lui qui nous en aſſûre ; Je n'en ſçai neanmoins aucun juſqu'a ce temps icy, beaucoup poſtérieur à celuy de Ciceron , qui ait avancé que l'action de l'eſprit humain fût une ſubſtance. L'honneur de ce Paradoxe étoit réſervé à nôtre Philoſophe prédéterminant. Parmi les autres, il s'en trouve qui prétendent que la ſimple perception n'eſt point une action , que ce n'eſt qu'une *paſſion* , en tant que l'ame reçoit ſeulement l'impreſſion des objets ou des idées qui l'affectent. Quelques-uns auſſi ſoûtiennent que les conſentemens de la volonté, ne ſont que de purs repos de l'ame dans un objet , qu'elle goûte. Je crois l'une & l'autre opinion fort mal imaginée ; cependant il faut avoüer, qu'elles auroient de quoy paroître tres-ſenſées , en comparaiſon de celle qui fait la baſe du Traité de l'action de Dieu.

II.

AVançons dans la considération du nouveau principe ; si les actions de nôtre esprit, ses perceptions, ses amours, sont des substances, il est necessaire de reconnoître que ces substances sont, & réellement distinguées entr'elles, & réellement distinguées de la substance même de l'esprit. Car enfin c'est un Axiôme tiré immédiatement de l'idée de la substance ; que deux substances n'ont rien de commun entre elles ; quelles sont absolument indépendantes l'une de l'autre ; que chacune d'elles peut-être clairement conçûë, & peut exister, sans l'autre. Cet Axiôme est de toutes les Philosophies, anciennes, & modernes. Or, la belle & merveilleuse chose, qu'une action de l'esprit, qui seroit une substance réellement distinguée de l'esprit, dont elle est l'action : que la connoissance & l'amour d'une même intelligence, par rapport à un même objet, qui seroient deux substances toutes differentes ! Cette invention n'est-elle pas l'effet d'un grand & sublime Génie? Quand des démonstrations Géometriques de la prémotion Physique sont appuïées sur un tel fondement, peut-on douter de leur solidité ?

III.

III.

REvenons à nos modalitez substances. Je prierois volontiers leur créateur de me dire , s'il conçoit comment ces substances peuvent être ajoûtées à la substance de l'esprit ? Pour moy je comprends aisément qu'on ajoûte un morceau de cire à un autre morceau de cire , en appliquant l'un sur l'autre ; en faisant que leurs surfaces se touchent immédiatement ; en mêlant tellement ensemble leurs parties , qu'elles composent une seule masse. Mais je ne comprends nullement , qu'on puisse ajoûter une substance simple & spirituelle à une autre substance pareillement simple & spirituelle , comme on ajoûte un morceau de cire à un autre morceau de cire. Ces substances simples & spirituelles n'ont ny parties , qui se puissent mêler , ny surfaces , qui puissent se toucher. Ainsi dans le Système de l'Auteur il faut plûtôt regarder l'ame , & une de ses connoissances , comme des substances *paralleles* , pour me servir d'un terme dont nôtre Géometre aime à faire usage dans ces matiéres , quoyque bien differentes des dimensions de l'étenduë. Or l'idée de substances paralleles représente des substances, qui ne s'approchent, pour ainsi dire , par aucune de leurs parties, qui ne concourent

C

point enfemble ;   dont par conféquent une
ne peut être entée , ny pofée fur l'autre.
C'eft pourquoy j'ay quelque lieu de croire,
que les perfonnes raifonnables regarde-
rent ces additions de fubftances fimples &
fpirituelles , comme un troifiéme trait du
nouveau principe , auffi peu régulier , &
tout auffi capable de faire rire que les deux
prémiers.

I V.

JEttons encore les yeux fur un quatriéme trait , qui fe prefente de même à la
premiere vûë. Ces fubftances fpirituelles
& fimples , connoiffances de l'entendement , amours de la volonté , font des eftres auffi parfaits que l'ame ; puis qu'elles
font des eftres fubfiftans en eux-mêmes ,
& indépendans de tout fujet , auffi bien
que l'eftre de l'ame ; des eftres fimples
comme l'ame , des eftres fpirituels comme
l'ame. Que dis-je ce font même des eftres
beaucoup plus parfaits que l'eftre de l'a-
me : Car l'ame confiderée féparément de
toute connoiffance & de tout amour ; fa
fubftance ainfi ifolée, & dépoüillée de tout
ce qui en fait la richeffe & l'ornement,
n'eft plus qu'un eftre brut , qu'un tronc
fec , ou tout au plus une puiffance fterile
& fans vigueur. Au lieu que cette fubf-

tance , qui eſt une connoiſſance , ou un
amour , eſt un eſtre plein de vie par lui-
même , un eſtre actif & efficace ; un eſtre
qui trouve dans ſon propre fonds toutes
les qualitez , qu'il lui peut être avanta-
geux de poſſeder. Autant qu'une ſtatuë
vivante & animée ſeroit plus prétieuſe que
la pierre , qui lui ſerviroit de Pied d'eſtal ;
autant une connoiſſance , un amour *ſubſtances*, ſont elles préferables à l'eſtre de l'a-
me ſur lequel on les imagine comme po-
ſées. Qu'on ſe figure des fleurs & des
fruits d'une beauté exquiſe , attachez au
tour des branches d'un vieux Arbre déja
mort & deſſeiché , je demande lequel vaut
mieux , ou des beaux fruits , ou de la ſouche aride qui eſt parée ? Que ceux-là pré-
ferent la ſubſtance de l'ame à la ſubſtance d'une connoiſſance ou d'un amour ,
qui préfereroient la ſouche au fruit. Au
reſte la comparaiſon ſemble être entiere
& juſte : car l'ame ne contient pas plus en
puiſſance ces ſubſtances , qui ſont des connoiſſances & des amours ; elle n'a plus la
vertu de les produire ; elle n'en peut pas
plus être appellée la cauſe , que l'Arbre
mort & ſec contient ces charmans fruits ,
ou eſt la cauſe qui les produit. L'Auteur
ne peut ſe diſpenſer d'en convenir , puis
qu'il reconnoît & enſeigne même tres-ex-
preſſément que l'ame ne peut rien créer,

C ij

& que ces substances , amours & connoif-
sances , ne peuvent être produites que par
voïe de création ; qu'elles n'étoient pas
même équivallemment dans l'ame , au
moment qui a précedé leur existence.

Mais cela même , que nos connoissances
& nos amours ne puissent être produits ,
que par une puissance infinie , à laquelle
seule il appartienne de créer en tirant des
estres du pur néant ; cela même peut bien
passer pour une cinquiéme absurdité , que
présente assez naturellement le principe ,
que nous examinons. Aussi la traiterois-je
icy un peu plus au long , si je ne croïois
qu'elle trouvera encore mieux sa place
dans le Chapitre suivant , ou nous allons
presenter le même principe sous une autre
face , en le faisant considérer , non plus
en lui-même , mais par rapport à ses conséquences.

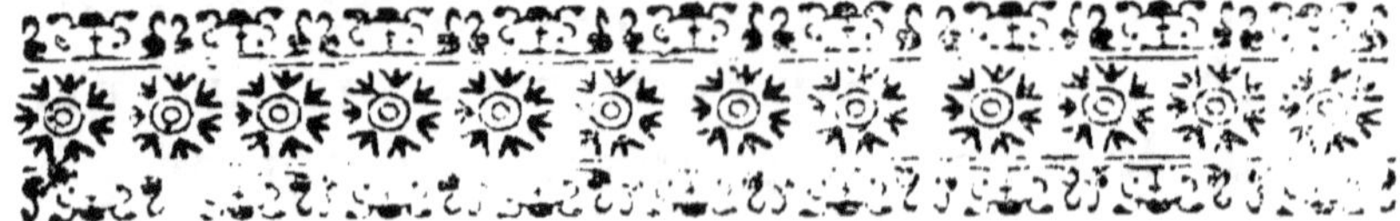

CHAPITRE III.

LE MESME PRINCIPE considéré par rapport à ses consequences.

Qui le croiroit que le principe, que nous avons découvert dans le premier Chapitre ; que nous venons d'envisager dans le second, eût pû paroître à un homme d'un esprit Géometrique l'une de ces veritez riches & fécondes, qui ouvrent le jour à une infinitez d'autres ? [a] C'est pourtant le magnifique éloge que lui donne son Auteur, en s'applaudissant de l'avoir trouvé. Creusons le donc ce riche fonds, & tachons d'en tirer au moins une petite partie de ces grands trésors, qu'il renferme en déduisant quelques-unes des consequences qui suivent tres-naturellement d'un si rare principe.

a *Sect. 3. ch. 7. pag.* 132.

I.

MAis afin que ce morceau ait dequoy plaîre davantage au Champion de la prémotion Physique , qui fait par tout éclater fa belle paffion pour la Géometrie ; je vais faire une analyfe fuivie de ces conféquences par autant de propofitions , dont l'efprit appercevra facilement la liaifon depuis la prémiere jufqu'à la derniére.

PREMIERE PROPOSITION.

Chaque action de l'ame , perception, connoiffance de l'entendement , amour, confentement, détermination de la volonté , eft une fubftance auffi réelle que la fubftance de l'ame même ; voilà le fameux, le riche, le fécond principe du nouveau Géometre ; comme tout le Chapitre prémier en fait foy.

SECONDE PROPOSITION.

Donc chaque action de l'ame ; perception , connoiffance de l'entendement ; amour, confentement, détermination de la volonté ; a befoin pour exifter d'être tirée du pur néant par une veritable création.

Cette propofition fuit évidemment de la prémiere ; car il eft manifefte., qu'une fubftance ne peut être produite que par voïe de création : que pour la faire exifter , il eft néceffaire de la faire paffer du pur néant à l'eftre. Il y a cette différence entre les fimples modalitez , & les fubftances , quant à la production des unes & des autres , que pour produire une modalité , il ne faut , pour ainfi-dire , que la tirer comme du fond de la fubftance qui la contenoit équivalemment & en puiffance , ce qui s'appelle dans les Ecoles *éduction* , ou modification : au lieu que pour produire une fubftance , il faut la faire fortir toute entiere du néant , parce que l'action , qui la produit & qui fe nomme *création* , ne travaille pas , comme la modification , fur un fujet déja exiftant. La modalité avant que d'être produite , n'étoit pas à la verité *formellement* , mais elle étoit *équivalemment* dans fon fujet : au lieu que la fubftance avant que d'être produite , n'étoit ny *formellement* , ny *équivalemment*. Ainfi la fubftance , pour être produite , doit être tirée par quelque action créative du pur néant , *ex nihilo tam fui, quam fubjecti* , comme parle l'Ecole.... Par conféquent fi chaque action de l'ame ; perception , connoiffance de l'entendemens ; amour, confentement , détermi-

nation de la volonté , est une substance ;
elle a besoin , pour exister , d'être tirée du
pur néant par une veritable création.

TROISIÉME PROPOSITION.

Donc l'ame , non plus qu'aucune autre créature , ne peut avoir nulle part à
la production de ce qui s'appelle pourtant
action de l'ame , soit connoissance , ou
perception de l'entendement ; soit amour,
consentement , ou détermination de la volonté.

Cette proposition suit évidemment de
la seconde ; car ny l'ame , ny nulle créature , n'a la puissance de créer. L'Auteur
n'en peut disconvenir , lui qui reconnoît
avec beaucoup de raison , que le pouvoir
de créer est de soy un pouvoir infini , qui
ne sçauroit convenir qu'au Tout-Puissant ;
qu'il répugne, (a) & qu'on ne peut soûtenir
sans absurdité, que l'ame , ny aucune autre créature , ait la vertu de tirer un estre
du néant , ou de donner l'existence à ce
qui n'existoit ny formellement , ny équivalemment ; parce qu'alors elle seroit une
cause , qui produiroit plus qu'elle ne contient , qui donneroit plus qu'elle n'a. Par
conséquent l'ame ne peut avoir nulle part

a Sect. 1. ch. 4. pag. 26. 27.

à la production de ce qu’on a pourtant
coûtume d’appeller, actions de l’ame, connoiſſances, déterminations, &c.

Je dis que l’ame ne peut avoir *nulle part*
à la production de ces choſes ; afin de pré-
venir par ce mot, ou de mauvaiſes réponſes que l’Auteur s’aviſeroit peut-être de
faire, quoy qu’elles ne quadraſſent guéres
avec ſa doctrine ; ou quelque embarras
qui pourroient naître dans l’eſprit de certains Lecteurs. Voicy donc ma penſée encore plus developpée : la production d’u-
ne connoiſſance, ou d’une détermination,
étant une véritable création, l’on ne peut
concevoir que l’ame y eût part qu’en qualité, ou d’une cauſe inſtrumentelle, dont
la cauſe prémiere ſe ſerviroit & qu’elle
mettroit en œuvre ; ou d’une cauſe occa-
ſionnelle, qui détermineroit la cauſe prémiere à créer, en lui fourniſſant une oc-
caſion, ou un motif d’agir.

Or en fait de création l’on ne peut dire
qu’il intervienne ny inſtrument, ny cauſe inſtrumentelle : la raiſon eſt que le terme de la création, où la ſubſtance qui doit
exiſter en vertu de la création, n’étant rien
avant la création de ce terme; ne peut être,
pour ainſi diré, atteint que par l’intelligence ſouveraine, & par la volonté toute-
puiſſante du Créateur ; il ne peut exiſter
que par la ſeule force toûjours efficace de

cette volonté à qui rien ne résiste ; force,
que rien ne peut ny aider , ni augmenter ;
force qui ne peut être communiquée à aucune créature ; force qui agit immédiatement & par elle-même sur le nouvel être,
pour le faire exister par la toute-puissance
de son action.

On ne peut pas dire non plus dans les
principes de nôtre Philosophe , que l'ame
intervienne comme cause occasionnelle
dans la création d'une connoissance , d'un
acte de volonté d'une détermination. La
raison n'en n'est pas moins claire ; c'est
que , pour que l'ame fournit à la cause
prémiere un motif , ou une occasion de
créer dans elle une connoissance , ou une
détermination ; il faudroit supposer qu'elle eût déja , cette ame , quelque connoissance , & quelque détermination par rapport à cette création. Mais cette connoissance & cette détermination là même qui
regarderoient la création d'autres connoissances & d'autres déterminations , étant
selon nôtre Philosophe des substances,
qui ne peuvent exister aussi bien que les
autres que par une véritable création ; la
question reviendroit sans fin , comment
l'ame influëroit en qualité de cause occasionnelle dans la création de ces connoissances , & de ces déterminations , qu'on
supposeroit être les occasions & les motifs

de la création d'autres connoiſſances &
d'autres déterminations ?

QUATRIÉME PROPOSITION.

Donc nôtre ame, à parler juſte, n'eſt
ny connoiſſante, ni voulante.

Cette Propoſition ſuit de la troiſiéme. Car
nôtre ame, à parler juſte, n'eſt ny connoiſſante, ni voulante ; ſi elle ne produit
point de connoiſſances, ny de volitions,
ſi même elle n'a nulle part à la production
de ces choſes. Or par la troiſiéme Propoſition, l'ame ne produit point de connoiſſances, ny de volitions, elle n'a même nulle part à la production de ces choſes. Donc nôtre ame, a parler juſte, n'eſt
ny connoiſſante, ny voulante.

CINQUIÉME PROPOSITION.

Donc ce qu'on a coûtume d'appeller
connoiſſances, & volitions, amours, conſentemens, déterminations de nôtre ame ;
ne ſont point véritablement connoiſſances, & volitions, amours, conſentemens,
déterminations de nôtre ame.

Cette Propoſition ſuit de la 4e. Car ſi nôtre ame n'eſt ny connoiſſante, ny voulante,
dés là les cónoiſſances & les volutions, &c.
ne ſont point véritablement connoiſſan-

ces , & volitions de nôtre ame. Or , par
la quatriéme , nôtre ame n'eſt ny connoiſſante , ny voulante : Donc , &c.

Tout ce que pourroit dire nôtre grand
Géometre pour juſtifier dans ſes principes
le langage ordinaire au quel il s'accommode lui-même ; Ce ſeroit qu'on peut appeller connoiſſances & volitions de nôtre
ame , des connoiſſances & des volitions ,
que ſont créées dans elle, ajoûtées à ſa ſubſtance , comme un corps eſt poſé ſur un
autre. Mais nous avons montré (*Ch. 2. n.*
111.) que ces addititions de ſubſtances
ſimples & ſpirituelles ſentoient un peu
l'imagination creuſe , & la Chimére. Pour
moy je lui conſeillerois de dire plûtôt , que
ces connoiſſances & volitions *ſubſtances*
appartiennent à nôtre ame , en vertu d'une
union Hypoſtatyque de ces natures avec
la nôtre. Si cet expedient eſt de ſon goût ,
je le lui fournis de bon cœur , & il me fera
plaiſir de s'en ſervir.

II.

Voilà , comme l'on voit , déja bien
de belles veritez tireé du riche & fécond principe de l'Auteur prédéterminant:
Mais la ſource n'eſt pas tarie : Il reſte
encore de tres-curieuſes découvertes à
faire concernant certains points capitaux
de la Religion Catholique.

La premiere eſt , que l'ame eſt un eſtre inanimé, & purement paſſif, comme une maſſe de matiére brute. Car toute la vie & l'activité qui pourroient convenir à l'ame, conſiſteroient dans un vrai pouvoir de produire ſes penſées , ſes connoiſſances, ſes amours, ſes déterminations. Or ſuivant le principe l'ame ne peut avoir un tel pouvoir , comme il vient d'être démontré. Donc l'ame n'eſt qu'un eſtre inanimé & purement paſſif.

La ſeconde eſt , que l'ame n'a nulle liberté. Cela n'a pas beſoin de preuve. La Ilberté ſeroit en pouvoir d'agir, ou de ne pas agir ; d'agir d'une maniére ou d'une autre, ſelon nôtre choix , & par nôtre propre détermination ; par conſéquent ou il n'y a nulle activité , nul pouvoir d'agir de ſe déterminer ; il n'y a à plus forte raiſon , nulle liberté.

La troiſiéme eſt , que Dieu ſeul produit tout ce qui ſe nomme , actes de volonté , conſentemens bons ou mauvais , amours ſaints & criminels , déterminations au bien, ou au mal, vices, ou vertus. Il eſt ab-abſolument l'unique Auteur de toutes ces choſes ; ſans que l'ame , ſur le compte de laquelle on les met , y ait nulle part en aucun ſens. On ne peut pas en douter ſuivant le principe de nôtre Auteur : puiſque tous ces actes , tous ces

amours bons & mauvais , font des subf-
tances , que Dieu feul a le pouvoir de
créer , & crée en effet ; fans que l'ame
ait nulle part à leur production , pas même comme inftrument , ou comme occafion. Elle n'y a pas même la part, qu'a un
morceau de bois à la figure que le Menui-
fier lui donne avec fon cifeau ; car ces actes & ces confentemens ne font pas de
fimples modalitez introduites dans l'ame
en modifiant fa fubftance ; ce font des
fubftances fimples créées tout de neuf , &
tirées toutes entiéres du pur néant.

La quatriéme eft que Dieu , eft le feul
& unique Auteur du peché , & des crimes
les plus brutaux & les plus monftreux. Car
ces pechez , ces crimes , font d'affreufes
fubftances , que Dieu feul peut tirer , &
tire en effet du néant , où elles devroient
éternellement demeurer. Dieu dis-je en eft
le feul & unique Auteur; fans même qu'on
puiffe dire que l'ame , ny nulle créature
lui ait donné la moindre occafion de créer
ces monftres.

La cinquiéme eft , qu'il faudroit avoir
de Dieu l'idée la plus horrible ; qu'il faudroit le croire injufte , cruël , je dirois
encore quelque chofe de pis , fi je ne crai-
gnois que le papier même ne rougît de
tels blafphêmes ; il faudroit , dis-je avoir
ces idées de Dieu , pour le croire dans les

principes de l'infenfé prédeterminant , capable de punir par des fupplices éternels de malheureufes intelligences , en qui l'on prétend qu'il auroit créé de crimes énormes , fans qu'elles puffent y avoir eu la moindre part. Cette propofition porte avec elle fa preuve.

Il n'y a perfonne , qui ne voye bien aprés ces étranges conféquences du plus extravagant principe , qu'il feroit aifé d'en tirer encore plufieurs autres de même efpéce. Mais j'avoüe qu'un fentiment d'indignation , que je ne puis exprimer m'empêche d'aller plus loin. J'aime mieux laiffer aux autres à conclurre le refte. D'ailleurs tout ce nouveau Fanatifme renferme en même temps tant de folie & d'impieté , que malgré les preuves inconteftables, qu'il me femble avoir apportées pour convaincre quiconque , que j'ay bien pris le principe de l'Auteur ; je ne laiffe pas d'apprehender toûjours que cela n'entre pas affez dans l'efprit de quelques perfonnes. Je voudrois qu'à chaque abfurdité , qu'à chaque impieté , qu'on montre s'en fuivre du principe , le Lecteur fe fouvint diftinctement de toutes les raifons qui démontrent , que je ne combats point un Phantôme. Mais je ne fçais , fi je puis me promettre cela de tous ceux qui me feront l'honneur de lire cet Ouvrage.

Néanmoins comme j'ay aussi quelque lieu d'esperer que la plûpart me rendront justice ; je vais continuër à montrer encore d'une autre maniére le ridicule du principe dont il s'agit , par les contradictions où tombe son Auteur dans l'usage même qu'il en fait.

CHAPITRE IV.

CONTRADICTION DE l'Auteur du Traité.

L'Esprit d'erreur, & l'esprit de vertige, ne sont point contraires : le prémier s'accommode parfaitement de l'artifice & de la mauvaise foy : le second se trouve toûjours accompagné de l'ignorance , ou plûtôt il la suppose. Ainsi qu'on attribuë les grossiéres contradictions que je vais découvrir dans le traité de l'action de Dieu sur les créatures , ou à ignorance, ou à mauvaise foy dans son Auteur ; qu'on dise que c'est l'esprit d'erreur , ou l'esprit de vertige , qui l'a troublé : peu m'importe. Peut-être toutes ces causes ensemble y ont-elles chacune leur part , venons au fait.

I.

IL n'y a point d'homme qui ne comprenne par la seule intelligence des termes,& sans qu'il soit nécessaire de longs raisonnemens ; qu'un eftre , qui eft parfaitement un & fimple , n'eft point un eftre compofé de degrez réels & réellement différens , ou de parties dont le nombre puiffe augmenter par addition , & diminuër par fouftraction. Les idées d'*unité* , & de *nombre* ; de *fimplicité* , & de *compofition* , fe choquent manifeftement.

Cependant le Philofophe Géometre affûre en cinquante endroits tout le contraire. D'un côté il établit que ,, l'ame eft un ,, eftre, (*a*) un & fimple, que le point fon- ,, damental & la qualité primitive & fon- ,, ciére de l'effence des efprits , eft d'être ,, fimples. (*b*) D'un autre côté il foûtient ,, que c'eft une chofe inconteftable , que ,, nos ames augmentent en degrez d'eftre : ,, (*c*) que tout le changement , qui fe fait ,, dans l'ame, fe fait par quelque degré d'ê- ,, tre, qui lui eft ajoûté, ou dont elle eft pri- ,, vée. (*d*) Que fon eftre ne peut changer que ,, par quelque addition , ou fouftraction de ,, degrez d'eftre ; & degrez d'eftre réels, & ,, réellement différens , que nous conce- ,, vons, comme les *parties* de cet eftre. (*e*)

Il eft même fi eloigné cet efprit Géo-

a *Sect.* 1. *ch.* 2. *pag.* 15. 16.
b *Sect.* 4. *ch.* 10. *pag.* 243.
c *Sect.* 3. *ch.* 7. *pag.* 132.
d *Sect.* 1. *ch.* 3. *p.* 21.
e *Sect.* 3. *ch.* 10 *pag.* 147.

metrique d'appercevoir aucune contradiction dans ce langage , que c'eſt de l'unité
même & de la ſimplicité parfaite de l'eſprit ou de l'ame , qu'il conclud la neceſſité d'admettre dans ſon eſtre une multitude
de degrez réels & réellement differens ,
qui ſe perdent & s'acquiérent tour à tour,
ſelon que cet eſtre , tout ſimple qu'il eſt ,
augmente ou diminuë réellement. Il ne
conçoit pas qu'il pût arriver à un eſtre
ſimple aucun changement , s'il ne ſe faiſoit par ces additions de degrez d'eſtres
tout nouveaux , ou par ces ſouſtractions
de degrez d'eſtres anciens. (*a*) Non dit- "
il , l'eſtre de l'ame , qui eſt un & ſimple "
ne changera jamais réellement, s'il n'ac- "
quiert une réalité , c'eſt-à-dire , quelque "
degré d'eſtre nouveau , ou s'il ne perd "
quelque degré d'eſtre ancien ; car ſi cet "
eſtre n'aquiert rien , & s'il ne perd rien "
de ce qu'il avoit , je ſoûtiens qu'il de- "
meure le même , & qu'il ne s'y fait au- "
cun changement réel. (*b*) Nous connoiſ- "
ſons , ajoûte-t'il ailleurs , cette qualité "
(c'eſt-à-dire la ſimplicité des eſprits) "
d'une maniére tres-certaine & tres-évi- "
dente ; nous en tirons des concluſions , "
nous en connoiſſons certaines proprie- "
tez ; celle , par exemple , dont nous "

a *Sect.* 1. *ch.* 2. *pag.* 15.
b *Sect.* 3. *ch.* 7. *pag.* 132.

„ avons déja tant parlé , qu'un esprit ne
„ peut être modifié d'une maniére réelle-
„ ment differente, que par addition , souf-
„ traction , ou substitution de quelques
„ degrez de son estre.

Il faut avoüer que voilà une Logique fort
differentes de toutes les autres. Car dans les
regles des autres Logiques on raisonneroit
ainsi. L'idée de simplicité Physique exclud
manifestement l'idée de composition réelle : Donc si l'estre , ou l'essence de l'ame ,
est simple , il ne peut être composé de degrez réellement differens , il ne peut avoir
ny plus, ny moins de réalité dans un temps
que dans un autre. De même, l'idée d'unité
exclud l'idée de multiplicité & de nombre:
Donc si l'estre de l'ame est un, il n'est point
formé de l'assemblage de plusieurs estres ,
ou degrez d'estre réellement differens , qui
soient tantôt en plus grand , tantôt en plus
petit nombre. De ces mêmes principes ,
on tireroit encore une conclusion directement contradictoire à celle qu'en tire le
Logicien prédéterminant ; sçavoir , que
l'ame étant une & simple , on ne peut
concevoir qu'elle soit changée & modifiée , qu'autant qu'elle est susceptible de
differentes maniéres d'estre , lesqu'elles
n'étant réellement que sa substance même , n'augmentent, ny ne diminuënt point
son estre Physique & réel ; comme les modifications du corps quoy que réelles , n'a-

joûtent cependant & n'ôtent rien à sa réalité.

Ce faiseur de raisonnemens si nouveaux n'auroit-il point été trompé par une maniére de parler, qui s'est introduite dans les Ecoles , où l'on dit quelquesfois ; que Dieu , par exemple , possede dans la simplicité de son essence tous les degrez d'estre; que cette divine essence est en quelque façon participée jusqu'à certains degrez par les créatures plus ou moins parfaites , &c ? Ces expressions qu'il auroit mal entenduës , ne lui auroient elles point persuadé , que si l'on conçoit des degrez dans l'estre de Dieu , l'on peut à plus forte raison en supposer dans l'estre des créatures spirituelles , tout un, & simple, qu'il puisse estre ? J'avoüe pour moy , que j'ay quelque peine à soupçonner d'une bévûë si pitoïable un homme , qui a fait un gros livre pour démontrer Géometriquement la prémotion Physique. Cependant je lui dirai à tout hasard , que s'il a effectivement donné dans ce piége , il falloit qu'il ne fût guéres clair-voïant ; Puisqu'il est évident que ces degrez prétendus , que nous imaginons dans l'estre divin , n'y sont point effectivement ; qu'ils ne sont point des degrez d'estre réels & réellement distinguez, dont la multitude infinie forme un assemblage , qu'on nomme Dieu. Cela est d'une abſurdité , qu'il n'eſt pas neceſſaire de montrer pour qu'on la voïe.

I I.

MAis il me vient en penſée que nôtre Auteur me répondra peut-être , que je n'ay pas bien pris ſa doctrine ſur les degrez d'être de l'ame, faute d'avoir fait attention à ce qu'il enſeigne en même temps, & répéte ſouvent , ſçavoir que tous ces degrez d'eſtre ſe réüniſſent au fond , ſont identifiez , & ne font qu'un ſeul & même eſtre ; d'où il s'enſuit que l'unité & la ſimplicité de l'ame n'en doit ſouffrir aucun préjudice. Voicy donc ma véritable penſée, me pourra-il dire , que je vais vous développer tout de nouveau afin que vous la comprenniez ; ſouvenez - vous d'abord que ces degrez d'eſtre dont il s'agit , ne ſont autre choſe que nos connoiſſances, nos amours , &c. cela poſé , écoutez- moi. „ (*a*) Il eſt vray que d'une part j'ay aſ- „ ſûré en termes formels, qu'une connoiſ- „ ſance,(*b*)plus une connoiſſance étoit un „ eſtre plus un eſtre ; & que la conoiſſan- „ ce directe d'un objet , & la connoiſſan- „ ce réflechie , étoient une connoiſſance „ plus une connoiſſance ; par conſéquent

a *Sect. 3. ch. 4. pag.* 121.
b *Chap. 2. p.* 108.

un estre, plus un estre. (*a*) Mais aussi d'u- "
ne autre part ; j'ay prétendu , que nos "
connoissances , soit directes , soit réfle- "
chies , se communiquent l'une à l'autre, "
& font le même estre. Lisez le Chapitre "
neuviéme de la troisiéme section , dont "
le titre est *de la réünion de nos connoissan-* "
ces , vous y trouverez de quoy vous ins- "
truire parfaitement sur ce point. *b* Car j'y "
établis prémierement , que chaque con- "
noissance est un estre : Que la connois- "
sance A. plus la connoissance B. est un "
estre , plus un estre ; c'est un estre ajoû- "
té à un autre estre. Ensuite j'avertis ex- "
pressément , que *cet estre ajoûté à un au-* "
tre estre , n'est pourtant que le même estre "
augmenté de quelque chose. Je fais remar- "
quer que la simplicité de l'esprit ne per- "
met pas qu'on l'entende autrement , & "
que cette proposition est nécessaire pour "
découvrir la maniere , dont on peut di- "
re, que nôtre esprit est *Metaphysiquement* "
composé. Quoy de plus precis ? "

Ce que j'ay dit de la connoissance , je "
l'ay pareillement dit de l'amour , & ce- "
la sans rien changer dans les expressions, "
que le mot de *connoissance* en celuy d'a- "
mour ; tant mes idées sont toûjours les "

a *Ch. 7. p. 136.*
b *Ch. 9. pag. 147.*

,, mêmes , ou parfaitement conformes.
,, Voicy mes propres paroles telles , qu'on
,, les peut lire au Chapitre dix de la sec-
,, tion quatriéme. (a) *Un nouveau degré*
,, *d'amour ajoûté à un autre degré , est un*
,, *même estre augmenté d'un degré.* C'est la pro-
,, position cinquiéme , que je démontre
,, ainsi. Le degré d'amour B. ajoûté au degré
,, d'amour A. est un estre plus un estre ;
,, c'est un estre ajoûté à un estre. Donc
,, concluë-je, cet estre, plus un estre , est un
,; même estre augmenté d'un degré. Car
,, cet estre B. ne peut être ajoûté à cet au-
,, tre estre A. qu'en deux manieres ; ou
,, comme un estre separé d'un autre estre ,
,, par exemple un nombre ajoûté à un
,, nombre , un corps ajoûté à un corps ;
,, ou comme un nouveau degré d'estre
,, ajoûté dans un même sujet , en sorte
,, que ce soit le même estre augmenté
,, d'un degré. Or comme l'esprit est un
,, estre simple , on ne peut pas dire que
,, ce nouveau degré d'estre soit ajoûté ,
,, comme un estre separé des autres de-
,, grez , qui y étoient déja. Donc afin
,, que l'esprit croisse en amour, il faut que
,, ce soit le même estre de l'esprit , qui
,, aimoit déja , qui soit augmenté d'un
,, nouveau degré d'amour. Cette dé-

a S. &. 4. ch. 10. pag. 143.

monstration

monſtration n'eſt-elle pas tres-claire & "
tres-nette ? "

Il eſt méme vrai que j'ay donné pour "
le point fondamental & foncier de tout "
mon traité ; que les connoiſſances , les "
amours , les déterminations de l'eſprit "
ſont autant d'eſtres tous nouveaux , ou "
de degrez d'eſtre réels,& réellement dif- "
ferens les uns des autres , eſtre au reſte , "
ou degrez d'eſtre , qui ne ſont point de "
ſimples modifications , qui ſe tireroient "
de la ſubſtance de l'eſprit , ſans rien "
ajoûter à ſa realité ; puis qu'au contrai- "
re ils ne peuvent exiſter que par la tou- "
te puiſſance de Dieu , qui les faſſe paſſer "
du pur néant à l'exiſtence. Mais il n'eſt "
pas moins vray, que j'ay en même temps "
pris ſoin d'avertir , que ces eſtres , ou "
degrez d'eſtres , quoy qu'on les puiſſe "
bien regarder , comme autant de ſubſ- "
tances differentes, s'uniſſoient tellement "
tous enſemble , (a) que *leur amas n'*étoit "
qu'un ſeul & même eſtre groſſi & aug- "
menté. "

Enfin, pour que les eſprits, qui ſçavent "
ſe payer de raiſon , trouvaſſent dans ces "
éclairciſſemens , que je donne de ma "
doctrine , de quoy ſe ſatisfaire parfaite- "
ment ; je n'ay pas manqué d'expliquer "

a Sect. 7. ch. 14. pag. 234.

D

,, comment , & nos connoiſſances , & nos
,, amours , generalement tous ces degrez
,, d'eſtre réellement differens , qu'on peut
,, appeller des parties de l'eſtre de nôtre
,, ame , quoy que pour moy je trouve ce
,, terme impropre ; comment , dis-je, ils ſe
,, réüniſſent toûjours dans un même point:
,, ſçavoir les connoiſſances , & les degrez
,, de connoiſſance ; dans la connoiſſance
,, de Dieu. Les amours , & les degrez d'a-
,, mour ; dans l'amour de Dieu.

,,   Pour ce qui regarde les connoiſſances;
,, donnez-vous la peine de lire le Chapitre
,, dixiéme (*a*) de la troiſiéme ſection ,
,, vous y trouverez cette propoſition , qui
,, eſt la quatriéme ; *toutes nos connoiſſan-*
,, *ces ſe réüniſſent dans un certain point.* Pro-
,, poſition que je démontre de cette ma-
,, niere. Il faut que dans tout eſtre ſim-
,, ple , il y ait toûjours un point , dans le-
,, quel ſe réüniſſe tout ce que nous conce-
,, vons , comme *les parties* de cet eſtre.
,, Toutes les parties, pour uſer de ce terme
,, impropre, d'un eſtre ſimple tendent tou-
,, tes à l'unité : Or l'eſprit eſt un eſtre ſim-
,, ple, & nos connoiſſances differentes ſont
,, comme des parties de cet eſtre ſimple :
,, Donc , &c. ſuit la cinquiéme Propoſi-
,, tion. *Toutes nos connoiſſances ſe réüniſſent*

a Sect. 3. ch. 10. pag. 147.

dans la connoissance de Dieu. Laquelle est "
aussi démontrée de cette sorte. Toutes "
nos connoissances se réduisent à la con- "
noissance de Dieu, à celle des estres finis "
par rapport à leur essence, & par rapport "
à leur existence : Ce que nous connois- "
sons de la matiere, & de l'esprit, quant à "
leur nature, & à leurs proprietez, c'est "
en Dieu que nous le connoissons. L'exis- "
tence des corps, nous ne la connoissons "
que par un raisonnement, qui nous prou- "
ve, qu'il faut bien que Dieu en ait créé, "
puisqu'il nous donne les sensations, "
qu'il nous donne : Cette connois- "
sance est donc la connoissance du décret "
& de l'action de Dieu. L'existence de "
nôtre esprit; nous la connoissons, en con- "
noissant nôtre propre connoissance ; & "
cette connoissance se réduit à la con- "
noissance de Dieu, parce qu'en con- "
noissant nôtre propre connoissance, nous "
connoissons que nous connoissons Dieu. "
Ainsi toutes nos connoissances se réunis- "
sent dans la connoissance de Dieu. Il ne "
faut pas s'en étonner, ajoûte-je, puis "
que Dieu en qualité d'estre des estres ; "
contient éminemment en lui-même tous "
les estres, & qu'en qualité de premiére "
& souveraine verité ; il renferme toutes "
les veritez. Il n'est donc pas surprenant "
que les connoissances, que nous avons "

,, des autres objets , se réünissent dans la
,, connoissance de ce grand objet , qui en
,, est le principe , & le centre.

,,   Quant aux amours ; je redis dans la
,, section quatriéme Chapitre dixiéme tout
,, ce que je viens de dire par rapport aux
,, connoissances. (a) Je montre de même ,
,, que *nos amours se réünissent tous dans un*
,, *certain point ;* parce que tout ce qui est
,, dans un estre un & simple , tel qu'est l'es-
,, prit , tend à l'unité. Or continuë-je , ce
,, point d'unité, qui rassemble nos amours,
,, c'est Dieu ; car comme Dieu , pour nous
,, faire appercevoir en lui les estres , for-
,, me en nous la connoissance & la per-
,, ception de ces estres , aussi pour nous
,, faire aimer les biens , qu'il nous fait
,, connoître, il forme en nous l'amour de
,, ces biens. ....

Il me semble qu'il y a assez long-temps
que je laisse le Docteur prédéterminant
parler & s'expliquer lui - même sur la
maniere, dont il prétend qu'une multitude prodigieuse d'estres , ou de degrez d'estres , réellement differens entre eux , ajoûtez , & entassez , les uns sur les autres
dans l'estre de l'ame ; ne sont pourtant
qu'un seul & même estre , tres-un , & tres-
simple. Je crois qu'on attend presentement ma réponse.

(a) Sect. 4. ch. 10. pag. 243.

Mais où est l'homme de bon fens , qui
ne voie d'abord , que je ne puis répondre
autre chofe à tout ce Jargon , finon que
le pauvre Géometre en voulant parer à une
contradiction ; s'eft fort miferablement
perdu dans un autre ; ou qu'en faifant effort pour fe tirer d'un bourbier , il s'y eft
plus enfoncé que jamais. Je choquerois
mes Lecteurs , fi je m'avifois de leur
remettre icy fous les yeux tout ce qui les
a dû choquer dans ce difcours , comme fi
ils ne l'euffent pas bien pû remarquer eux-
mêmes. Qui eft-ce qui n'a pas fenti , par
exemple la Cacophonie de ces propofitions du Philofophe : *La connoiffance A.*
plus B. eft un eftre plus un eftre ; c'eft un eftre
ajoûté à un autre eftre ; & néanmoins la
connoiffance A , & la connoiffance B. n'eft
qu'un feul & même eftre : Pareillement , *le*
Degré d'amour A. plus le degré d'amour B ,
eft un eftre plus un eftre ; c'eft un eftre ajoûté
à un eftre ; & néanmoins ; cet eftre A ,
& cet eftre B , ne font qu'un feul & même
eftre : de même , *toutes les differentes actions*
de l'efprit humain , font autant d'eftres réelle-
ment differens , dont la production ne diffe-
re point de la création primordiale du monde ;
néanmoins , *l'amas & le tiffu de tous ces ef-*
tres, n'eft qu'un feul & même eftre : En un mot,
ces eftres font deux ou trois, dix, cent , mille , &c. & ne font qu'un : principe

d'Arithmetique tres-curieux. *Un & deux,
font un ?* Qui est-ce qui n'a pas conçû que
cet homme ne s'entendoit pas lors qu'a-
prés nous avoir representé l'esprit composé d'estre réels & réellement differens,
comme de ses parties, il a ajoûté que c'é-
toit en cette maniere qu'on pourroit dire
que l'esprit étoit *Métaphysiquement composé ?*

Qui est-ce encore, qui ne s'est pas ap-
perçù, ou même, qui n'a pas ris du dis-
cordant galimatias, qu'a fait l'Auteur, pour
nous expliquer la réunion de nos connoissances & de nos amours en Dieu ? Comme
si cent perceptions, ou connoissances differentes, produites successivement & en
differens tems, n'étoient qu'une seule &
même perception, ou connoissance, dès-là
qu'elles ne seroient que connoissances de
differens rapports d'un même objet auquel
elles se termineroient toutes. J'aimerois
autant dire, que cent coups d'œüil jettez
à quinze jours d'intervalle l'un de l'autre
sur un même tableau, ne seroient qu'un
seul & unique coup d'œüil : ou plûtôt afin
que la comparaison avec des connoissances
substances soit plus juste, c'est comme qui
diroit, que cinquante statuës de differentes
matieres, qui representeroient le même
homme en autant de differentes postures,
seroient une seule & unique statuë. Je passe

à d'autres contradictions, qui pourroient paroître, sinon plus palpables, au moins plus importantes, que les precedentes.

III.

SI deux personnes éloignées d'ici, & qui n'auroient point lû le traité de l'action de Dieu, m'écrivoient de concert, pour me prier de les instruire du sentiment de l'Auteur par rapport à l'activité de l'ame. Je pourrois, ce me semble, leur jouer un assez plaisant tour, & les jetter dans d'étranges embarras. Si l'on est curieux de sçavoir comment je m'y prendrois: le voici.

Je manderois a l'un. *Je ne puis, Monsieur, répondre mieux à la demande que vous m'avez faite qu'en transcrivant dans ma lettre quelques passages du traité même; vous verrez comment l'Auteur s'explique sur le point que vous m'avez proposé. Dans la premiere section de son ouvrage chapitre quatriéme, (a) il parle ainsi.* ,, Une ame a le pouvoir d'agir, elle a le pouvoir de se déterminer; " un pouvoir réel, véritable, positif. " *Dans la section septiéme chapitre quatriéme encore, il fait ces quatre propositions.* L'homme a une certaine puissance de "

a *pag.* 14.

D iiij

,, connoître & d'aimer. Cette puissance est
,, réelle, quand même elle ne seroit point
,, remplie. (a) Cette puissance est active,
,, comme nous le dirons ailleurs. Cette
,, puissance est la puissance de former diffe-
,, rens amours, & differens actes. *Au*
chapitre quatorziéme de la même section, il
parle expressément du pouvoir actif de l'ame,
comme il l'avoit promis ci-dessus, & il en
parle en ces termes.

,, On ne peut douter que le libre arbi-
,, tre des Creatures ne renferme un pou-
,, voir actif, en tant qu'il produit ses ac-
,, tions..... (b) L'ame par rapport à ses
,, actions est une cause, qui produit son
,, effet..... Que l'ame sur ses propres ac-
,, tions n'ait d'autre pouvoir que celui
,, d'une cause occasionnelle ; c'est ce qu'on
,, ne peut admettre sans donner atteinte à
,, son activité, & sans confondre les idées
,, les plus naturelles. Car ces idées nous
,, font concevoir les esprits, comme des
,, estres pleins de vie, de force, & de
,, mouvement.

J'écrirois en même-tems & par la même
poste à l'autre. Vous souhaittez, Monsieur,
que je vous instruise de ce que pense l'Auteur
du fameux traité de l'action de Dieu sur les

a *pag.*176. 177.
b *pag.*233.

*Creatures, par rapport à l'activité de l'ame.
Je ne puis mieux vous satisfaire, qu'en faisant ici une courte, mais fidelle exposition des
principes de cet Auteur. Ayant l'esprit aussi
penetrant, & aussi juste que vous l'avez ;
Vous verrez bien-tôt la conclusion, qu'on en doit
tirer.* On ne produit que ce que l'on contient. (a) (*C'est l'Auteur, Monsieur, qui parle &
qui parlera toûjours lui-même.*) (b) ,, On ne
donne point ce que l'on n'a point. Par "
conséquent on ne donne point plus que "
l'on n'a. *Mais* une ame, qui dans le "
moment. A. (c) n'est point encore déter- "
minée à une action; n'a point cette déter- "
mination ; (d) elle ne l'a ni *formellement,* "
ni *équivalemment.* Une ame, qui acquiert "
un degré d'amour, ne contenoit en au- "
cune maniere ce degré d'amour avant "
que de l'avoir acquis ; pas même *équi-* "
vallemment, (e) ni comme l'on conçoit "
qu'un morceau de cire contient les figu- "
res, dont il est capable, quoi qu'il ne "
les ait pas actuellement. Un cœur, qui "
n'aime pas ne contient point *équivallemm-* "
ment l'Amour : (f) Une volonté, qui "

a *Sect.* 4. *ch.* 1. *pag.* 156.
b *Sect.* 1. *ch.* 3. *pag.* 18.
c *pag.* 20.
d *Ch.* 4. *pag.* 27.
e *Ch.* 3. *pag.* 16. & 17.
f. *Sect.* 4. *Ch.* 2. *pag.* 167.

D v

,, n'a qu'un degré d'amour n'en a pas
,, deux , &c.

     D'ailleurs , (*a*) ,, chaque amour,
,, chaque confentement , chaque déter-
,, mination , chaque action de la volonté,
,, auffi bien que chaque connoiffance de
,, l'entendement ; (*b*) eft un eftre tres
,, réel. (*c*) (*Prenez garde , s'il vous plaît,*
Monfieur , que ce n'eft point tant moi , que
l'Auteur même , qui vous parle toûjours.)
,, (*d*) C'eft un nouvel eftre , qui s'éleve
,, dans le monde , ou il n'exiftoit , ni
,, formellement, ni équivallemment. C'eft
,, un eftre , que nous devons reconnoître
,, pour l'ouvrage de celui, qui eft le Crea-
,, teur des chofes vifibles & invifibles. (*e*)
,, C'eft un eftre , dont la production eft
,, femblable à la creation primordiale
,, du monde. C'eft un eftre , que l'ame
,, ne peut produire , fi elle n'a la vertu de
,, tirer du neant tant d'eftres nouveaux,
,, qu'il lui plaira , [*f*] fi elle n'a le pou-
,, voir de donner plus qu'elle n'a , & de
,, produire plus qu'elle ne contient : ce
,, qui eft abfurde. [*g*] C'eft un eftre, qu'il

a Sect. 1. Ch. 3.
b Sect. 3. ch. 2. & 4.
c Sect. 4. Ch. 10. &c.
d Sect. 1. chap. 4.
e Sect. 3. chap. 3.
f Sect. 1. ch. 4.
g Sect. 3. ch. 4. pag. 117. 121.

faut que Dieu nous donne : [a] Il faut "
que Dieu forme cet eftre, &c..... "

*Voilà, Monfieur, la doctrine du Traité de
l'action de Dieu ; je crois que cette expofition
vous fuffit, pour en conclurre la réponfe à vôtre queftion. Je fuis même perfuadé que vous
conviendrez, qu'il n'étoit pas poffible à l'Auteur de dire plus franchement fa penfée.*

Ces deux lettres ainfi fuppofées afin d'a-
voir tout le plaifir de la Scene qu'elles devroient produire, imaginons-nous qu'A-
rifte ayant reçû la premiere, rencontre
Eugêne, à qui la feconde a auffi été
renduë. Hé bien, Eugêne, lui dit-il, en
l'abbordant, vous êtes apparemment inf-
truit, comme moy, de ce que nous avions
l'autre jour envie de fçavoir, touchant
l'Auteur de l'action de Dieu ? Oüy répond
Eugêne, je le fuis parfaitement. *Arifte.*
C'eft comme fi nous avions lû le Traité
même. *Eugêne,* Ma lettre n'eft qu'un tiffu
de paroles copiées fur le livre. *Arifte.* Et
la mienne auffi : Il y a grande apparence
que nôtre ami a fait à nôtre commune
queftion une commune réponfe. J'admi-
re prefentement Eudoxe, qui aprés avoir
lû l'Ouvrage, nous affûroit qu'il n'avoit
pû rien comprendre au fentiment de l'Auteur, ny fur le point en queftion, ny fur

a *Sect.* 4. *ch.* 10. *pag.* 241.

plusieurs autres. *Eugêne*. Je fis en lisant ma lettre, la même réflexion que vous. Cependant Eudoxe est homme d'esprit, & intelligent dans ce matieres. *Ariste*. Mais enfin l'Auteur du Traité s'explique dans les termes les plus clairs, il appelle les choses par leur nom. *Eugêne*, je déffierois quiconque de parler plus netrement. *Ariste*. il ne nie pas que l'ame soit active. *Eugêne*. Non il ne dit pas cela si crüement. *Ariste*. Au contraire il déclare assez que l'ame a un pouvoir veritable & réel d'agir, & de se déterminer elle-même. *Eugêne*. Ah pour cela, il ne le déclare pas si fort. *Ariste*. il admet que le libre arbitre renferme un pouvoir actif en tant qu'il produit ses actions. *Eugêne*. Je vois bien qu'il y a dans vôtre lettre quelques mots de plus que dans la mienne. *Ariste*. L'ame ajoûte-t'il est comme tout esprit, un estre plein de vie, de force, & de mouvement. *Eugêne*. Qu'entend-il donc par vie, force, & mouvement ? *Ariste*. L'ame, selon lui, est par rapport à ses actions, une cause, qui produit son effet. *Eugêne*. Cela repugne, car on ne se donne point ce que l'on n'a point, on ne produit point ce que l'on ne contient point : Or .... *Ariste*. Or l'ame, selon lui, contient ses actions, ses déterminations, à la maniere dont toute vraye cause efficiente contient son effet;

puis que l'ame a une puiſſance veritablement active , qui eſt la puiſſance de former differens amours & differens Actes.
Au moins , ce ſont là ſes propres termes
que je vous rapporte. *Eugêne.* Mais......
mais , mon cher Ariſte , l'Ame n'a point la
puiſſance de créer un nouvel eſtre , en le
tirant du pur néant. L'Auteur en convient.
Or ſelon lui , tout Acte, tout amour , toute détermination de la volonté; eſt un eſtre
réel , un eſtre nouveau qui s'éleve dans le
monde , ou'un moment auparavant il n'e-
xiſtoit ny formellement , ny équivalemment. C'eſt un eſtre qui ne ſçauroit-être
produit, que par une action de même nature que la création primordiale. Donc ,
doit-on conclurre avec l'Auteur , il faut
que Dieu ſeul , comme Créateur des choſes viſibles & inviſibles , nous donne , forme , crée en nous ces Actes , ces amours ,
ces déterminations. Donc l'ame n'en peut
être la cauſe , ne peut les produire ; donc
elle ne peut agir ; donc elle n'eſt point active. *Ariſte.* Mais quoy .... *Eugêne.* At-
tendez , je ne ſuis pas encore au bout. On
ne produit que ce que l'on contient. On ne
donne pas ce que l'on n'a pas , n'y plus
qu'on n'a. Or l'ame , avant que Dieu lui
ait donné, avant que Dieu ait formé & créé
en e le ſon Acte , ſa détermination , ſon
conſentement , ſon amour , &c. l'ame dis-
ja , n'avoit pas cet acte ; pas même équi-

valemment , ou en puissance ; car ce mot *équivalemment* ne peut signifier que cela. Elle ne contenoit point du tout cet Acte , ny équivalemment , ny formellement , comme toute cause doit contenir son effet. Donc, où l'ame ne produit point ses Actes, & par conséquent n'est point active : Ou bien elle se donne plus qu'elle n'a , ou plûtôt ce qu'elle n'a point du tout ; elle produit ce qu'elle ne contient pas : ce qui est absurde , ce qui repugne à toute raison , dit l'Auteur. Au moins , Ariste , ce sont aussi là ses propres termes , que je vous rapporte. *Ariste.* Je ne puis vous dire à quel point vous me surprenez. Ou il y a de l'enchantement , ou nôtre ami a voulu se divertir à nos dépens : ce que j'ay pourtant quelque peine à croire. *Eugéne.* Donnez-moy vôtre lettre , que je la lise. Tenez , voilà la mienne , lisez la aussi.

Pendant qu'ils lisent leurs lettres , faisons venir Eudoxe pour dénoüer l'intrigue de cette Comédie. Il arrive , & nos deux hommes lui expliquent le fait, ils lui font lire chacun leur lettre , ils lui demandent ce qu'ils doivent penser de celui qui les leur a écrite. Eudoxe aprés avoir un peu ri leur parle ainsi. Vôtre ami vous a joüé un petit tour ; mais vous ne devez pas lui en sçavoir mauvais gré : car il ne l'a fait que pour vous instruire plus agréablement de ce que vous souhaittiez de sçavoir. Comme il ne doutoit pas que vous ne dûssiez vous communiquer ses réponses, il a mieux aimé faire deux lettres separées , que de vous envoyer à chacun une copie des Propositions contradictoires de l'Auteur. Vous , Ariste , en lisant vôtre lettre vous n'avez pas pû douter que l'Auteur du Traité ne crût l'ame véritablement active. Vous , Eugêne , vous avez été convaincu par la lecture de vôtre lettre que le même Auteur enseignoit tres-clairement , qu'on ne pouvoit dire sans absurdité que l'ame fût active. Dites-moy , je vous prie , s'il y avoit un meilleur moyen de vous faire sentir par la communication & la comparaison de vos lettres , que cet Auteur étoit un homme à deux faces & à deux paroles ; un homme qui soit par ignorance , soit par étourderie , soit par malice , se contredisoit de la maniere la plus grossiére ? Mais prenez , s'il vous plaît , garde , que la lettre qui dit l'ame active , ne contient que des propositions du langage ordinaire , propositions que l'on fait , pour parler comme les autres , & pour n'être pas accusé d'avoir nié en termes formels des veritez capitales dans la Religion ; au lieu que la lettre qui détruit l'activité de l'ame , contient des principes & des raisonnemens soûtenus , doù il s'ensuit qu'il répugne absolument que l'ame soit active , & puisse produire le moindre Acte , ou se donner la moindre détermination: Quoy qu'on n'ose pas pour de bonnes raisons , pousser jusqu'à ces horribles conséquences, qu'on aime mieux laisser tirer aux autres.

I V.

EN effet pour confirmer la judicieuse réflexion d'Eudoxe , & couper au captieux Ecrivain du Traité de l'action de Dieu un faux-fuyant , qu'il croit peut-être bien ménagé ; j'avertis icy que ce personnage qui fait le fin , aprés avoir établi & rebattu cent fois de peur qu'on ne les oublie , ces deux propositions , la premiere , *qu'on ne produit que ce que l'on contient , qu'on ne donne point ce que l'on n'a point : la seconde , que l'ame n'a pas même équivalemment, qu'elle ne contient point équivalemment un Acte , une détermination , un amour , un degré d'amour , &c. dans le moment , qui précede celuy , ou Dieu lui donne & forme en elle ces estres ;* il se donne bien de garde de tirer de ces *prémisses* cette conclusion naturelle & nécessaire : *Donc l'ame ne produit point , ou ne se donne point ses déterminations , ses Actes , ses amours , ses degrez d'amour ;* il y a même contradiction , qu'elle se les puisse donner. Mais il conclut:

Donc l'ame ne se donne point seule, [a] ne pro-
duit point seule, ses déterminations ses amours,
&c. [b]

De même aprés avoir inculqué à tout
propos, & hors de propos ; premierement
qu'*un consentement qu'une détermination,*
qu'un amour, qu'un souffle, qu'un rayon de vo-
lonté, &c. sont des estres réels, des estres
simples, qui ne peuvent exister que par
l'action d'une puissance infinie, qui les tire du néant, qui les crée ; secondement
qu'il repugne à toute raison, qu'il est absurde
de dire, que l'ame ait ce pouvoir infini de tirer
des estres du néant, de créer ; Il n'en infere
pas, comme il le devroit : *Donc l'ame ne*
peut produire ny se donner aucune détermina-
tion, quelque légere qu'on la supposât, ne fût-
ce qu'un souffle, & un rayon de volonté : Il se-
roit absurde de dire que ses consentemens, ses
amours, ses Actes vinssent en aucune façon
d'elle. Mais il infere : *Donc l'ame n'opere*
point seule ses consentemens, [c] ses détermi-
nations, ses amours. [d] C'est donc dans ce
mot de *seule*, que consiste l'artifice du faux
prédéterminant. Il s'est imaginé que ce petit mot déconcerteroit la critique ; & qu'il
ne se trouveroit pas un homme au monde

a *Sect.* 1. *ch.* 3. *pag.* 19. 20.
b *Sect.* 4. *ch.* 1. *pag.* 156. *&c.*
c *Sect* 1. *ch.* 4. *pag.* 26. 27.
d *Sect.* 4. *ch.* 2. *pag.* 167.

capable de s'appercevoir , que ce mot là même rendoit toutes ses conséquences & ridicules en bonne Logique , & directement contradictoires aux antecédens dont il les tire.

Si je m'avisois de dire : On ne produit point ce que l'on ne contient point : Or un chêne ne contient point , même équivalemment , ni en puissance des Abricots : Donc un chêne ne produira point *seul* des Abricots. On ne peut pas donner ce que l'on n'a pas : Or un gueux , qui manque d'un soû pour avoir du pain n'a pas dix mille écus : Donc ce gueux ne donnera pas *seul* dix mille écus à qui les lui demandera........ Un nouveau monde aussi beau que celui-cy , ne sçauroit être produit que par celui , dont la puissance infinie peut tirer les estres du néant : Or l'homme n'a pas une puissance infinie pour tirer les estres du néant : donc l'homme ne produira pas *seul* un nouveau monde aussi beau que celui-cy. Si , dis-je , je m'avisois de faire de tels raisonnemens suivant la méthode Géometrique de nôtre Auteur; il n'y auroit point d'Ecolier de Logique , qui ne me rît au nez, en me parlant ainsi dans son langage de Classe. Vous n'y entendez rien: Car prémierement , vous mettez contre les regles dans vos conséquences , un mot, qui n'étoit point dans les prémisses. Se-

condemment ce mot rend vos conféquences, des propofitions compofées ; & il les
faut développer, pour en comprendre tout
le fens. Par exemple, cette derniere, *donc
l'homme ne produira pas feul un nouveau monde,* doit fe refoudre ainfi : *l'homme produira un nouveau monde, mais non pas tout
feul ni fans le fecours de quelqu'autre.* Or la
premiere partie de cette expofition de vôtre conféquence, fçavoir, *l'homme produira
un nouveau monde,* eft comme on le voit,
directement oppofée aux prémiffes de vôtre Syllogyfme ; *Un nouveau monde ne fçauroit être produit que par celuy, dont la puiffance infinie peut tirer des eftres du néant :* Or
l'homme n'a pas une telle puiffance.

Je ne doute pas que le grand Philofophe, qui démontre par de femblables raifonnemens la prémotion Phyfique, n'ait
affez d'intelligence pour fe faire à lui-même l'application de ce que je me fuis laiffé
dire par cet Ecolier. Selon lui, l'ame par
rapport à la production de fes Actes ; c'eft
l'homme par rapport à la création d'un
nouveau monde, c'eft un Chêne pour apporter des Abricots, c'eft ce gueux pour
donner dix mil écus. Sa conclufion, *donc
l'ame ne peut point produire feule fes déterminations & fes Actes,* fignifie *donc l'ame peut
produire fes déterminations & fes Actes, mais
non pas toute feule.* Or cette propofition,

(a) *l'ame peut produire ses déterminations & ses Actes*, est fausse & absurde suivant tous ses principes, (a) qui sont, que l'ame ne pourroit produire ses déterminations & ses Actes à moins qu'elle ne produisît ce qu'elle ne contient en aucune maniere ; qu'elle ne se donnât ce qu'elle n'a pas, ou plus qu'elle n'a ; qu'elle ne créât des estres tout nouveaux, en les faisant passer du néant à l'existence. Donc il est aisé de voir la contradiction, où tombe le raisonneur prédéterminant, pour n'oser dire ouvertement ce qu'il veut néanmoins que tout le monde entende ; que dans sa nouvelle doctrine, l'ame ne peut en aucune façon produire le moindre Acte, ni se donner la moindre détermination ; qu'il y a contradiction qu'elle ait la moindre activité.

V.

IL est vrai que cet aveu lui a paru si dur à faire, que ces conséquences l'ont tellement étonné, quoiqu'il donne pourtant des preuves d'une assez belle hardiesse ; qu'il a mieux aimé risquer cinquante autres contradictions, que de franchir ce pas. S'appercevant lui-même, comme je le soupçonne, ou du moins entrevoyant, que

a *Sect.* 1. *ch.* 4. *pag.* 26. 27.

ſon artifice, qui conſiſtoit à conclurre toûjours ; *donc l'ame ſeule ne produit pas ſes Ac-*
tes, étoit groſſier , aprés les principes qu'il
avoit poſez ; il a jugé qu'il étoit à propos
d'embroüiller encore davantage la matiere par une confuſion d'idées , qui ſe
heurtent & ſe détruiſent , les unes les
autres.

L'on a vû qu'il dit & redit milles fois,
juſqu'à fatiguer les Lecteurs , (*a*) qu'une
connoiſſance , un amour , une détermination, le mouvement le plus leger & le plus
délicat , le plus petit Acte , un ſouffle , un
rayon de volonté , eſt un eſtre réel , un eſtre ſimple ; un eſtre que l'ame , avant qu'il
lui fût venu *de quelque part* , ce ſont ſes
termes , ne contenoit ni formellement , ni
équivalemment ; un eſtre tel , que ſi l'ame
ſe le donnoit , elle ſe donneroit ce qu'elle n'avoit pas même équivalemment au
moment précedent ; elle créeroit cet eſtre,
comme Dieu a créé le monde , elle le tireroit du néant ; un eſtre enfin & réellement
different de l'eſtre de l'ame , puis qu'il eſt
tantôt ajoûté tout de nouveau , & tantôt
ôté à l'eſtre de l'ame , & réellement different de tout autre eſtre de même eſpece ,
puis que ces eſtres ajoûtez les uns aux autres ſont un eſtre , plus un autre eſtre ,

a S *ct.* 1. *ch.* 4 *pag.* 23. 24.

plus encore un autre estre , &c. Qui
pourroit donc croire après cela , que
ce même Auteur dît aussi , & plusieurs
,, fois [a] qu'une ame , qu'on suppose
,, sans action avec un simple pouvoir ,
,, contient quelque chose de ce qu'elle au-
,, ra , lors qu'elle sera en action ; quelque
,, chose , qui influera dans l'action ?

,,   Que , [b] lorsque Dieu vous donne
,, de nouvelles connoissances , & de nou-
,, veaux amours actuels , lors qu'il nous
,, fait operer de nouvelles actions , ce que
,, Dieu ajoûte à nôtre ame s'unit avec ce
,, qu'elle avoit déja de son côté ; en sorte
,, qu'elle influë dans cette action , & qu'a-
,, vec ce qui étoit en elle & avec ce que
,, Dieu y ajoûte , elle fait une action nou-
,, velle.

,,   Qu'on [c] ne peut douter que ce qui est
,, déja dans l'ame ne serve à produire ses
,, operations nouvelles , soit operations
,, de l'entendement , soit operations de la
,, volonté. Que dans l'entendement on
,, trouve certaines cónoissances primitives
,, & foncieres, qui sont comme les princi-
;, pes & les sources des autres connoissan-
,, ces. Que ces premieres connoissances
,, sont comme un germe , qui a la vertu
,, de former toute la tige , en s'étendant ,

a *Ibid.* p. 27.
b *Pag.* 9.
c *S. É.* . *ch.* 14 *pag.* 234. 235.

se developpant , se dilatant....... Qu'il "
en faut dire autant de l'amour ; parce "
que l'avoir montré des actions de l'en- "
tendement , c'est l'avoir montré aussi de "
celles de la volonté ; tant ces deux facul- "
tez ont de liaison & de ressemblan- "
ce......... qu'ainsi on ne peut douter , "
que dans les actions , soit de l'esprit , "
soit de la volonté , ce qui étoit interieu- "
rement dans l'ame , n'ait fourny dequoy "
produire les actions posterieures. "

Que , [a] lorsque Dieu découvre "
quelque nouveau degré de verité, ou for- "
me en nous l'amour d'un bien , il tire du "
fond de nôtre ame ce nouveau degré de "
connoissance ou d'amour. "

Encore un coup ; quel est l'homme tant soit peu attentif , qui ne voye que ces secondes propositions , ne sçauroient sub-subsister avec les premieres dans un esprit sensé ? si l'ame encore sans action , contient néanmoins quelque chose de ce qu'elle aura , lors qu'elle sera en action , quelque chose qui influëra dans l'action , comme l'assûre la premiere de ces secondes propositions. Il est donc faux , que l'ame sans action , ne contienne ny formellement , ny équivalemment , ny par conséquent en aucune façon , ce qu'elle aura lors qu'elle

a *Pag.* 335.

fera en action : ce qui devroit pourtant
être selon les autres propositions. Et qu'on
ne m'objecte point ; que l'Auteur en effet
„ a tres - souvent dit aussi ; que l'ame
„ ne contenoit pas *totalement* la connois-
„ sance „ l'amour , qui lui devoit venir
„ d'ailleurs , expression propre à faire en-
„ tendre , qu'il ne nioit pas que l'a-
„ me, sans action, sans connoissance, sans
amour , ne contint pourtant quelque chose de cette action , de cette connoissance,
de cet amour ; Car je répondrois , qu'il est
évident , que ce n'est là qu'une nouvelle
broüillerie , que cet esprit double a voulu faire pour s'envelopper de plus épais-
ses ténebres. Pour le prouver, je prie seulement qu'on fasse réfléxion, que selon lui,
action, connoissance , amour, &c. sont
autant d'estres simples , qui n'ont point de
parties : Or un estre simple & sans parties , ne peut pas estre contenu à demi ,
& seulement en partie : Donc si l'ame
le contient , elle le contient *totalement* &
tout entier ; ou si elle ne le contient pas *to-*
talement , elle ne le contient point du tout.
Par conséquent ce mot *totalement* fourré
avec affectation en cent endroits du traité ,
n'est qu'un nouveau piége tendu aux Lecteurs pour confondre & embroüiller leurs
idées. Revenons au paralelle des premieres
& secondes propositions de l'Auteur.

Si

Si l'Ame, avec ce qui étoit déja en elle, & avec ce que Dieu y ajoûte, fait une action nouvelle suivant la deuxiéme des secondes propositions: Premierement son action n'est donc point un estre simple, puis qu'elle est faite & composée partie de ce qui étoit déja dans l'ame, partie de ce que Dieu y ajoûte. Secondement cette action n'est donc point un estre tiré du néant par une création ; car ce qui se fait de quelque chose déja préxistant, n'est point créé, ny tiré du néant. Troisiémement, ce qui se crée, ne se fait pas de deux morceaux joints l'un à l'autre par deux causes differentes, dont chacune y mette le sien. Qu'on ne soit point au reste choqué du mot de *morceaux*, dont je me sers icy ; je l'ay pris de nôtre Écrivain, qui l'employe en pareille occasion. Dieu, dit-il, pour opérer dans le cœur d'un pecheur l'amour Divin, (*a*) se sert de certains restes précieux de l'amour des créatures, de certains *morceaux* d'estre & de bien, qu'il n'annéantit pas, mais à qui il donne une forme toute nouvelle. Revenons encore à nôtre paralelle.

Dans la troisiéme des secondes Propositions on dit que certaines connoissances fonciéres sont les principes des autres, que

a *Sect.* 7. 1. *p.* *ch.* 14. *pag.* 334.

certains amours primitifs fourniffent dequoy produire les amours poftérieurs ; &
cela , en tant que ces connoiffances fonciéres, & ces amours primitifs, s'étendent,
fe developpent , fe dilatent ; comme un
germe s'augmente , lorfque le fuc de la
terre venant à s'incorporer dans lui , il
lui fait produire un bouton , des fleurs ,
& des fruits ; cette comparaifon eft pouf-
fée jufques-là dans le Traité. (*a*) Oh ! jamais les plus vieux Peripatéticiens n'ont
imaginé cette *raréfaction propre* dans des
eftres fimples & fpirituels ; jamais ils n'ont
avancé une telle extravagance. Mais je me
trompe ; ce n'eft pas une *raréfaction*, c'eft
une *végetation*, que ce nouveau Géomettre
imagine dans les efprits , & les eftres fpirituels; une connoiffance , un amour, pouf-
fent d'autres connoiffances & d'autres
amours , comme un germe pouffe une tige & des branches. Cela eft tout-à-fait
nouveau & curieux.

Mais comment cela s'accorde-t'il avec
les premieres Propofitions de ce même
Géometre ? comment un eftre fimple , tel
qu'eft un amour , une connoiffance , pour-
ra-t-il en fe groffiffant & fe développant ,
produire un autre eftre fimple réellement
different de lui ? Comment cette premie-

a *Ibid pag.* 234.

re connoiſſance & ce premier amour, quoiqu'ils fermentent & ſe dilatent tant qu'ils
pourront , tireront-ils du néant un autre
connoiſſance , ou un autre amour pour
les faire exiſter tout de nouveau dans le
monde , où ils n'étoient un moment auparavant , ny formellement , ny équivalemment ?

Enfin , ſi Dieu , ſelon la quatriéme des
ſecondes Propoſitions , tire du fonds de
nôtre ame les degrez de connoiſſance &
d'amour, qu'il nous donne : Il ne les tire
donc plus du néant par une action toute
ſemblable à la création primordiale de cet
Univers. L'ame les contenoit donc ; car
on ne tire d'un fonds que ce qui y étoit
contenu avant qu'on l'en tirât. L'Auteur ſe dédit donc de tous ſes Axiômes
fonciers contenus dans les premieres Propoſitions.

On jugera bien par ces échantillons, que
je n'aurois jamais fait , ſi je voulois deſ-
cendre dans un plus grand détail de toutes les biſarres rêveries du nouveau prédéterminant. Il y en auroit tant à relever,
qu'à la fin mes Lecteurs s'en ennuyeroient;
car on ne peut pas ſe divertir long-temps
de ſujets ſi fades ; Ces ſortes de plaiſir dé-
générent bien-tôt en compaſſion , ou en
indignation.

E ſj

VI.

TOutes fois je demande encore grace
pour deux endroits du Traité , que
j'ay peine à obmetre , ce dont il sera aisé
de juger après ce qu'on vient de dire. [*a*]
„ Voicy le premier. On conçoit sans
„ beaucoup de peine , assûre gravement
„ nôtre Philosophe , que Dieu opérant
„ dans l'ame tout ce qu'elle a d'estre , de
„ connoissance, & d'amour , peut faire en-
„ sorte , qu'un de ces degrez d'estre in-
„ flüe réellement dans la production d'un
„ autre ; qu'une ancienne connoissance
„ inflüe dans la production d'une nouvelle;
„ que les degrez, qui étoient anciennement
„ dans l'ame cooperent & contribuent
„ avec ce que Dieu y ajoûte pour former
„ une nouvelle action ; qu'en un mot
„ *Dieu donnant à l'ame tout ce qu'elle a de*
„ *réalité , il fasse néanmoins que ses actions*
„ *réelles & positives soient réellement , Physi-*
„ *quement , immediatement produites par*
„ *l'ame même.*

„   Voicy l'autre endroit. [*b*] Philosophi-
„ quement parlant , un Chêne est un
„ composé , dont toutes les parties sont
„ divisibles à l'infini ; & par conséquent

a *Sect*. 1. *ch*. 4. *p*. 25.
b *sect*. 7. *ch*. 14. *pag*. 235.

dont les parties font des eftres , & des "
fubftances toutes détachées,& auffi déta- "
chées dans leur eftre , que les grains de "
fable d'une montagne qui n'ont de "
commun que le voifinage & la corref- "
pondance. Or il eft certain que ces eftres "
étant auffi féparez , l'un ne répand pas "
des influances réelles fur l'autre : Il n'en "
eft pas ainfi de l'ame, qui eft fimple. Deux "
chofes fe trouvent en elle. Prémierement "
de ce nouveau degré de connoiffance & "
de l'ancien, il ne fe fait qu'une feule con- "
noiffance , qu'un feul eftre , qu'une feule "
action. Secondement ce nouveau degré "
de connoiffance (ce qui eft fort à remar- "
quer) n'eft que le développement de "
l'ancien : *Ainfi* il y a un commerce réel, "
& une veritable & fubftantielle commu- "
nication de l'un à l'autre. "

Sans m'étendre en beaucoup de réflexions , qu'on pourroit faire fur ces paffages ; parce qu'elles feroient à peu prés les
mêmes que celles qui ont été fur les pré-
cedens , je prie feulement qu'on fe con-
fulte par rapport au premier , fçavoir , fi
en effet l'on conçoit fans beaucoup de peine; que Dieu donnant à l'ame, & operant en
elle tout ce qu'elle a d'eftre & de réalité , il
faffe néanmoins que fes actions réelles &
pofitives foient réellement, Phyfiquement,
immediattement produites par l'ame mê-

E iij

me. Si, dis-je, cela se conçoit aisément, posé le principe de l'Auteur ; que ces actions sont autant d'estres, que Dieu produit en les créant, comme il a créé le monde entier; & que l'ame ne peut produire, parce qu'elle n'a pas la puissance infinie de tirer des estres du néant ?

Je prie de même par rapport au second passage, qu'on se demande encore à soy-même si l'on comprend ce que veut dire l'Auteur par cette *communication substantielle*, qu'il prétend être entre une premiere connoissance, & une seconde connoissance, entre un premier & un second Acte d'amour ; communication substantielle, qui de ces deux connoissances n'en fasse qu'une, de ces deux Actes d'amour, n'en fasse qu'un seul & même Acte ; quoyque suivant le même Auteur ces Actes soient un, plus un autre, quoyque ce soient un estre plus un estre, un estre ajoûté à un autre estre, un estre produit quelque temps aprés l'autre, un estre qui peut être retranché de l'autre par soustraction ; quoy qu'en un mot ils soient deux estres simples, dont chacun a dû estre créé séparément lorsqu'il s'est élevé dans le monde ? Certainement je m'assûre qu'il n'y a point d'homme de bons sens, qui ne juge que cet étrange Philosophe ne s'entend pas lui-même ; & que ses principes supposez, en parlant, non pas Philosophiquement , mais du moins conséquemment , il auroit dû avoüer que les differentes connoissances , & les differens amours sont selon lui dans l'ame & avec l'ame un composé de parties & de substances toutes détachées , & aussi *détachées dans leur estre,* que les grains de sable qui composent une montagne , & qui n'ont de commun que le voisinage & la correspondance : qu'il n'auroit point dû abandonner sa comparaison du germe, qui en se développant pousse une tige , des boutons, des fleurs & des fruits , à mesure que de nouveaux sucs viennent de la terre s'incorporer avec lui ; qu'il n'auroit point dû enfin mettre de différence entre le tronc d'un chêne chargé de branches , de feüilles , & de glands ; à l'estre de l'ame chargé de connoissance, de sentimens , & d'amours. En effet ces perceptions , ces connoissances , ces amours , étant, comme on l'a vû , regardées par le nouveau Philosophe , comme autant de substances simples & réellement différentes ; Il est clair qu'elles sont aussi détachées les unes des autres , que les parties de matiére qui composent un chêne ; & qu'elles ne peuvent avoir de commun que le voisinage & la correspondance , comme les grains de sable qui forment une montagne : avec cette seule différence qu'il n'est pas si ai-

E iiij

sé de comprendre ce voisinage & cette correspondance entre des substances spirituelles, qu'entre des parties de matiere.

Ce que je trouve de merveilleux ; c'est que ce plaisant Philosophe ait voulu tirer avantage de l'experience pour appuyer son sentiment. Chacun éprouve, qu'en developpant les idées qu'il a des choses, en les approfondissant, en les comparant, en raisonnant sur ces idées ; il étend ses connoissances, il découvre de nouveaux rapports, il tire d'un principe les conséquences qui y sont renfermées, il acquiert ainsi l'intelligence de plusieurs veritez qui lui étoient auparavant inconnuës. Donc, conclud admirablement nôtre Auteur, quoyque nos connoissances soient autant d'estres réels, & réellement différens, autant d'estres simples tirez immediatement du néant par une véritable création ; néanmoins l'amas & le tissu de tous ces estres, n'est que le même estre grossi & augmen ,, té. Le Syllogisme, dit-il, qui est la voïe ,, pour avancer de connoissance en con ,, noissance, (*a*) est une preuve complet ,, te de cette verité. Le mélange des dif ,, férens termes qui se fait dans les propo ,, sitions , & l'influence des deux pre ,, mieres propositions sur la troisiéme,

a *Sect.* 7. *ch.* 14. *pag.* 234.

montrent ce que je prétends , sçavoir "
que toutes ces diverses connoissances "
font des membres & des branches, mais "
des membres & des branches, qui ne font "
qu'un avec la tige. Ensuite il avertit qu'il "
en faut dire autant des amours. "

Mais comment ce grand génie n'a-t-il
pas vû , qu'en raisonnant de la sorte il ne
fait qu'un pitoiable Paralogisme qui ache-
ve de montrer le tort qu'il a de prétendre,
non seulement à la qualité de grand Géometre, mais même à celle d'un Philosophe
passable ?

Il est vray , dira-t-on , que le Syllogyfme est une preuve complette que l'efprit
humain passe d'une connoissance à une autre , lorsque d'une proposition il en tire
une autre qui y étoit renfermée , aprés
s'être assûré par une troisiéme Proposition ,
que celle-cy étoit véritablement renfermée dans celle-là. La premiere de ces
propositions s'appelle dans l'Ecole la *Majeure* , la seconde se nomme la *conclufion* ,
qui est contenuë dans la Majeure. La troifiéme est la *Mineure* , qui se place ordinai-
rement entre la Majeure & la conclusion ;
parce que son office est , pour ainsi dire ,
de montrer que cette Majeure qui la pré-
céde contient cette conclufion qui la suit.
Ainsi il est encore vray que la connoissance qu'a l'esprit de la verité de la conclu-

sion n'est que la connoissance même de la verité de la *Majeure* étenduë & développée par la Mineure. Mais quest-ce que cela prouve ? Cela prouve justement , qu'il y auroit de l'extravagance à imaginer ces connoissances comme des estres réellement différens entre eux , des estres simples, des estres produits chacun par une véritable création , & conséquemment des estres *substances* ; car si ces connoissances étoient de tels estres , il y auroit contradiction que l'une influât dans l'autre , que l'une fût contenuë dans l'autre , que la seconde se tirât de la premiere , que l'esprit n'eût qu'à développer la premiere pour avoir la seconde ; en un mot, qu'elles ne fassent réellement qu'une seule & même connoissance plus ou moins étenduë. Le sentiment interieur que nous avons de la maniere dont nôtre esprit passe dans le Syllogisme d'une connoissance à une autre , ne nous permet donc pas de douter que ces connoissances ne soient réellement autre chose que l'esprit même en tant que par son attention aux idées , ou aux termes qui composent une proposition , il découvre que cette proposition en renferme une autre, & parvient de l'intelligence de la verité de la premiere proposition , à l'intelligence de la verité de la seconde proposition.

Par exemple , en faifant attention aux termes de cette propofition ; *l'ame, c'eſt un eſtre ſimple* , j'y découvre cette autre propofition *l'ame eſt un eſtre , qui n'a ny membres ny branches , ni tige* , quoy qu'en dife l'Auteur du Traité de l'action de Dieu ; * parce que l'idée d'eſtre ſimple un peu développée ; eſt l'idée d'un eſtre , qui ne peut avoir des parties , telles que feroient des membres, une tige , & des branches : d'où réfulte ce Sillogifme.

L'ame eſt un eſtre ſimple.

Or un eſtre ſimple eſt un eſtre , qui n'a ni membres , ni branches , ni tiges.

Donc l'ame eſt un eſtre , qui n'a ni membres , ni branches , ni tiges.

Concluons de tout cecy que nôtre prétendu Philofophe , ou Géometre ; car il eſt autant l'un que l'autre ; a effectivement donné dans un Parologifme des plus groffiers , en apportant pour une preuve complette de fon opinion , ce qui eſt juftement le plus capable de la detruire , & d'en faire voir toute la fauffeté.

* cy-deffus.

Finissons enfin ce Chapitre , que l'Auteur du Traité m'a obligé de faire plus long que je n'aurois voulu. Voïons maintenant comme il se sert de son merveilleux principe , pour démontrer Géometriquement la prémotion Physique.

CHAPITRE V.

LA PRÉMOTION PHYSIQUE demontrée par le Principe fondamental du Traité.

LE feul terme de *prémotion* rapproché de l'idée du fameux principe qui nous a fourni la matiere des Chapitres prececedens, prépare naturellemeut l'efprit à de nouvelles contradictions qui doivent faire le fujet de ce Chapitre icy. En verité il faut qu'elles ne coutent guéres à l'Auteur, pour qu'il nous en refte encore à relever, après que nous en avons déja tant relevé. Pour moy je fuis tenté de croire, que cet Ecrivain irrité à la fin, & férieufement en colére contre le bon fens, qu'il trouvoit par tout oppofé à fes projets, a pretendu l'accabler & l'enfevelir fous un fi prodigieux amas d'abfurditez, qu'il ne pût jamais s'en débarraffer, non pas même avec l'aide de qui que ce fût. Mais je déclare que ce noir deffein du préde-

terminant , s'il l'a eu , ne fait que picquer mon zele , & m'encourager à venir au secours de la raison opprimée.

I.

LA premiere chose qui se presente à
moy , c'est la définition même de la
prémotion Physique , conçuë en ces ter-
,, mes. (a) La prémotion Physique est une
,, operation de Dieu qui produit Physique-
,, ment , qui détermine l'action de la créa-
,, ture ; & qui , lorsqu'il s'agit de l'action
,, d'une créature raisonnable , la déter-
,, mine de maniere qu'elle fait que c'est
,, la creature même qui se détermine à
,, agir. Quand j'eus lû cette espece de définition dont je ne crois pas qu'on loüe
ny la clarté , ny la brieveté , j'allay vîte
à l'*errata* , pour voir s'il n'y avoit point
quelque chose à y corriger : n'ayant rien
trouvé , je me mis à la relire , & à l'examiner telle que la voilà.

D'abord la premiere partie de cette mys-
terieuse définition m'embarassa. *La prémotion Physique est une operation de Dieu ,
qui produit Physiquement , qui détermine l'action de la creature.* Comment , dis-je, accorder cela ? déterminer l'action de la

____
a Sect. 1. ch. 3. pag. 22.

créature, c'eſt déterminer la créature à produire ſon action. Mais ſi Dieu produit lui-
même Phyſiquement cette action , ce n'eſt
plus la créature qui la produit, ce n'eſt plus
l'action de Dieu; car une action eſt l'action
de celui qui la produit Phyſiquement ; par
conſéquent ces deux *qui* ; Dieu *qui* produit Phyſiquement ; *qui* détermine l'action de la créature , ſont bien mal placez
l'un auprés de l'autre. Et qu'on ne m'allegue point icy un certain langage d'Ecole
ſur le concours immediat & ſimultanée ,
pour concilier en quelque maniere ces
deux *qui*. Car outre que l'opinion du concours immediat & ſimultanée ſouffre bien
des explications diverſes , dont les meil-
leures & les plus plauſibles ne favoriſe-
roient nullement nôtre Auteur ; c'eſt que
lui , il ne peut pas tirer , au moins de bonne foy , aucun avantage de tout ce qui
peut s'appeller *concours*. La raiſon en eſt
claire & aiſée à rapporter. Cet Auteur prétend que toute action de l'ame eſt *un eſtre* ,
que Dieu produit en le tirant du pur néant
par la création : Or Dieu en créant ainſi
un eſtre ne peut point concourir avec aucune créature , comme reciproquement
aucune créature ne peut concourir avec
Dieu à créer un eſtre, & à le tirer du néant;
Dieu ſeul agit quand il crée , aucun autre n'agit avec luy , & il n'agit avec au-

cun autre. Donc il ne peut point estre icy
question de *concours* ; ce ne peut être que
pour imposer à ses Lecteurs , que nôtre
prédéterminant en fait parade dans le Chapitre sixiéme de la premiere section , que
nous examinerons bien-tôt. Ainsi pour le
dire encore une fois, ces deux propositions
qui font la premiere partie de la définition de la prémotion ; Dieu, *qui produit
Physiquement* ; *qui détermine l'action de la
créature* ; Ces deux propositions sont incompatibles ; sur tout dans les principes du
nouveau prédeterminant , suivant lesquels
la premiere signifie ; Dieu *qui crée cet estre,
qu'on appelle l'action de la créature.* Car il
est manifeste que Dieu ne détermine point
la créature à produire un estre , qu'il crée
lui-même , & que lui seul peut créer. Bien
plus il y auroit contradiction , que Dieu
déterminât la creature à produire un estre
qui ne sçauroit exister que par la création ;
puis qu'il y a contradiction que la créature
puisse créer , comme l'enseigne positivement l'Auteur.

Ma seconde reflexion tomba sur la seconde partie de cette définition. *Et lorsqu'il
s'agit de l'action d'une créature raisonnable,
cette operation de Dieu la détermine de maniere qu'elle fait que c'est la créature même
qui se détermine à agir.* Cette seconde partie me parut , aussi bien que la premiere ,

renfermer une contradiction. En effet fi Dieu determine Physiquement la créature , s'il opere fa détermination , comme caufe *réelle & efficiente* , (a) ce font les termes du Traité : certainement la créature reçoit de Dieu fa détermination. Mais fi la créature reçoit de Dieu fa détermination ; Ce n'eft pas elle-même qui fe la donne ; ce n'eft donc pas elle qui fe détermine. Par conféquent c'eft dire en même temps le oüi , & le non , que de dire , que Dieu détermine la créature raifonnable de maniere , que c'eft cette créature qui fe détermine elle-même. C'eft faire faire une Chymere , fçavoir , que la creature raifonnable fe détermine , & ne fe détermine pas en même temps elle-même; quelle fe donne fa détermination de maniere qu'elle ne fe la donne pas. Cette abfurdité devient fur tout bien fenfible à quiconque fait en même temps réflexion , que , fuivant la nouvelle doctrine , cette détermination que Dieu donne à la créature raifonnable eft un eftre fimple que Dieu ne produit qu'en le tirant du néant par une veritable création. Car cela pofé il eft plus clair que le jour , qu'il répugne à toute raifon , que Dieu créant cet eftre , le faffe en même temps créer par la créature.

a *Ibid.*

Enfin je fis une troisiéme reflexion sur la difficulté d'accorder encore ensemble la premiere & la seconde partie de la définition : Cette dificulté me sembla grande ; si ce fut avec quelque raison, j'en fais juge mon lecteur. La premiere partie dit , *que Dieu produit physiquement l'action même de la creature.* La seconde partie assure , *que Dieu détermine , ou fait se déterminer la creature à agir.* Sur quoi voici comme je raisonnai : Ou bien l'Auteur regarde la détermination à agir , comme quelque chose de distingué de l'action même , & qui précede l'action ; où il suppose que l'action & la détermination à agir sont au fond & réellement la même chose. Or soit qu'il prenne le premier de ces deux partis , soit qu'il prenne le second ; il trouvera également mal son compte : car , si la détermination à agir est distinguée de l'action même , si elle precede l'action ; il est inutile & même ridicule , que Dieu donne à la creature la détermination pour agir, lors qu'il lui aura déja donné l'action même. De même si la détermination à agir, & l'action , ne sont réellement qu'une seule & même chose ; il y a contradiction que Dieu produisant lui-même l'action par une operation physique , il fasse seulement que la creature produise la détermination ; ce seroit faire que la creature produisît une action déja produite.

J'avoüe que ces trois reflexions ; sans parler de la longueur , de l'obscurité, de la confusion , d'un certain air de galimatias , qui frappent d'abord qui conque lit la définition du predeterminant ; ne me prévinrent pas bien en sa faveur ; & quoique je visse cette définition suivie de huit, ou neuf grands lemmes , chacun de trois, ou quatre pages de longueur ; je n'en conclus pas que l'Auteur s'entendît bien en geometrie. Au contraire tout cela me fît n'aître la pensée que c'étoit un avanturier, qui se faisoit passer pour geometre , & tâchoit d'en contrefaire le stile ; afin de seduire par ces apparences certaines personnes, sur tout de ces femmes qui se picquent de parler Philosophie , lesquelles sont toûjours charmées , lors que dans un livre, ou d'ailleurs l'imagination brille , elles trouvent des *Lemmes* , des *Theoremes*, des *Corollaires*, des *Demonstrations*, des *plus*, des *moins* , des A. des B. des Chiffres, &c. elles conviennent sans difficulté de tout ce que dit l'Auteur , dès qu'elles voyent au bout ; *C'est ce qui étoit à démontrer.* Elles voyent intuitivement , qu'A , plus B est égal à A , seul ; qu'un estre , plus un autre estre, n'est qu'un seul & même estre.

II.

CEpendant il faut rendre juſtice à tout le monde, même à ceux dont on ne peut approuver les ſentimens. C'eſt pourquoi je me crois obligé de dire ici, qu'après tout, le nouveau predéterminant ne pouvoit pas apporter de la prémotion phyſique une définition, qui quadrât mieux à ſon deſſein, qui fût plus conforme à ſes intentions. Pour en être convaincu, entrons un peu dans le ſecret de ſa politique, dont ce qui a été dit juſqu'ici nous a découvert une bonne partie.

D'un côté cet Auteur vouloit établir, que la creature raiſonnable n'avoit aucune activité ; que Dieu ſeul produiſoit immediatement par lui-même, & comme cauſe efficiente, tout ce qui s'appelle communément, actions de l'ame, connoiſſances, perceptions ; amours, conſentement, déterminations bonnes, ou mauvaiſes, &c. ſans que l'ame y eût d'autre part, que celle d'un ſujet brut & entierement paſſif, qui reçoit tout ce qu'on lui donne ; d'une baſe, qui porte tout ce qu'on met deſſus. C'eſt à l'établiſſement d'un ſi étrange Dogme, que tend directement le fameux principe du traité, ſçavoir que tout ce qu'on a coûtume de nommer, actions, ou moda-

lité de l'ame, connoiſſance, amour, détermination, &c. eſt un eſtre réel, une
vraye ſubſtance, qui ne peut eſtre produite,
que par celui, qui a la puiſſance infinie de
créer, en tirant des eſtres du pur neant.
Car comme je l'ai dit dès le commencement, c'eſt-là le point de vûë, que l'Auteur a toûjours eu dans tout ſon traité, &
que nous ne devons pas perdre un moment dans toute nôtre refutation.

Mais d'un autre côté il n'y avoit pas
d'apparence de débiter une telle doctrine
à crû, & à nû : tout le monde auroit crié,
à l'inſenſé, à l'heretique, à l'impie ; toutes
epiteres, qu'il n'eſt point agreable de s'at-
tirer. Il falloit donc la déguiſer & la tra-
veſtir cette Doctrine, afin de la faire paſſer plus doucement & ſans tant de bruit.
Or quel maſque plus propre à lui donner,
que celui de la prémotion phyſique ? **La**
prémotion phyſique eſt un terme auquel
les oreilles du public ſont apprivoiſées depuis long-tems : C'eſt un terme de la ſig-
nification duquel on diſpute, dont perſonne n'a encore nettement défini le ſens.
Voilà juſtement ce qu'il falloit ; un terme
authoriſé par l'uſage, & propre à couvrir
tout ce que l'on voudroit.

En éfet, pour peu qu'on faſſe attention à la définition apportée par nôtre predeterminant, on s'apperçoit aiſement

qu'elle ne presente point du tout à l'esprit l'idée, ni d'une *motion*, ni d'une prémotion; mais simplement l'idée d'une *préeffection*, ou plûtôt d'une simple effection physique, par laquelle Dieu seul, & sans que la creature s'en mêle, fait & opere tout ce qui est, ou qu'on immagine être dans l'ame. Le P. Malebranche a fait cette remarque avant moi dans son ouvrage intitulé, *Reflexion sur la prémotion physique*, ou il refute aussi nôtre Auteur sur quelques points particuliers, dans lesquels ce Disciple s'étoit écarté des sentimens de son Maître. Quoique je ne sois pas partisan des opinions du Pere Malebranche, j'ai neanmoins quelque complaisance à citer ici son autorité; parce qu'elle fait voir que je n'ai rien attribué au nouveau prédeterminant, que ce que son livre donne naturellement à entendre à tout lecteur un peu intelligent.

Or ce mystere de la politique de l'Auteur ainsi devoilé, il ne faut plus s'étonner, si tout ce qu'il écrit dans son livre, qui ait quelque rapport au titre, se reduit; ou à de prétenduës demonstrations par lesquelles on se vante de montrer que Dieu seul produit & crée en nous tout ce qu'on appelle nos actes & nos modalitez, sans que l'ame puisse se les donner; ou a de vaines déclamations contre les adversaires de

la prémotion phyſique, par leſquelles on
eſpere faire accroire aux lecteurs, qu'on
n'a point d'autre but que de défendre &
d'établir cette premotion. Peut-être qu'un
petit détail de ces deux articles fera plaiſir.
Je vais y entrer.

I I I.

Uant au premier article, il ne faut
que parcourir la premiere ſection,
pour en être parfaitement inſtruit.

Dans le premier chapitre, qui a pour
titre, *preuves de la premotion phyſique tirée
des actions des corps.* On fait valoir le ſentiment des nouveaux philoſophes, qui en-
ſeignent, que toutes les actions corporelles
conſiſtent dans le mouvement local. Enſuite on s'étend fort à prouver, que Dieu ſeul
eſt la cauſe, qui produit phyſiquement
tous les mouvemens, & toutes les déterminations des mouvemens : On orne ces
preuves par de jolies deſcriptions des agita-
tions étonnantes de la mer, des révolutions
de ces aſtres, qui roulent ſi majeſtueuſe-
ment ſur nos têtes, du branſle univerſel
de la vaſte machine de l'univers, &c. Après
quoi l'on conclud d'un ton affectueux ;
Mais ſeroit-il poſſible que cet eſtre tout- "
puiſſant qui opere de ſi grandes choſes "
dans les corps, qui ne ſe contente pas "

,, de les avoir créées une fois, mais qui les
,, détermine, en fît moins dans le monde
,, spirituel ? N'est-il donc pas le Dieu des
,, Esprits, comme il l'est du Ciel & de la
,, Terre ? Et son empire s'étend-il moins
,, sur les cœurs, que sur les creatures ina-
,, nimées ? C'est à dire comme on le voit,
que Dieu étant le Dieu des Esprits aussi
bien que des corps ; il doit être regardé,
comme la seule cause efficiente & physique
de toutes les actions des esprits, aussi bien
que de toutes les actions des corps.

Dans le second chapitre, on se fait faire
contre cette conclusion une objection tirée
de la difference, qu'on doit mettre entre
les corps & les esprits, sçavoir que les corps
font par eux-mêmes sans mouvement, sans
force, sans actió; Au lieu que l'esprit est plein
d'activité, & de puissance. Mais comment
répond-on à cette objection ? Dit-on tout
net, que cette difference est nulle, & qu'il
est faux que les esprits ayent plus de puissance veritable, & d'activité que les corps?
Oh ! non, ce seroit se déclarer en termes
trop formels : On prend donc un détour,
qui revienne precisément au même, sans
pourtant qu'on soit obligé de prononcer
ces fâcheuses paroles. On se jette dans un
grand lieu commun sur la nature des modalitez du corps ; on raille agreablement
je ne sçai quels Philosophes, qu'on suppose
avoir

avoir crû , que ces modalitez étoient de petites entitatules : On montre à ces bons Philofophes , s'il y en a encore quelque part , que toutes les modifications corpo- relles confiftent dans les divers arrange- mens des parties de la matiere , fans qu'il foit neceffaire d'y introduire aucun être nouveau. Après cela , lors qu'on croit l'efprit du lecteur affez dépaïfé ; on rabbat fur les actions & les modalitez de l'ame, & fous pretexte de n'en dire autre chofe finon qu'elles ne peuvent pas,à caufe de la fimplicité de l'efprit , confifter dans des arrangemens de parties , comme les moda- litez du corps ; on infinuë d'abord , puis on enfeigne plus ouvertement, que ce qu'on appelle des actions & des modalitez de l'a- me, font effectivement des eftres tres réels, & tres réellement differens tant entre eux, que de la fubftance même de l'ame ; des eftres , que l'ame ne contient, ni formel- lement , ni équivallemment , c'eft à dire en nulle façons du monde. Or il eft aifé d'entrevoir déja dans ces propofitions la réponfe qui fe doit faire à l'objection pro- pofée ; car fi ce qu'on appelle communé- ment action , ou modalité de l'ame , eft un eftre que l'ame ne contient en aucune maniére, il s'en fuit que l'ame ne peut être la caufe efficiente de cette action , ou de cette modalité , & que par conféquent

F

l'ame n'a veritablement aucune puiſſance
réelle , ni aucune activité , non plus que
les corps ; qu'ainſi l'objection priſe de la
difference , qu'on doit mettre entre les
corps & les eſprits quant à l'activité, porte
abſolument à faux. En éfet c'eſt-là ce qu'on
établit hardiment & par tous les tours
imaginables dans tous les chapitres ſui-
vans.

Le troiſiéme chapitre commence donc
ainſi. ,, Le principe , que je viens de dé-
,, duire dans le chapitre précédent , (ſou-
venons-nous que ce principe ; c'eſt que
tout ce qui s'appelle modalité de l'ame , eſt
un eſtre , que l'ame ne contient en aucune
maniere) ,, me paroît aſſez ſolide , pour
,, pouvoir entrer dans quelques démonſ-
,, trations. Or en voici le précis de ces
demonſtrations. ,, Une intelligence , qui
,, acquiert une modalité , ou une détermi-
,, nation qu'elle n'avoit pas , acquiert un
,, nouvel eſtre, un nouveau degré d'eſtre,
,, un eſtre de plus qu'elle n'avoit, un eſtre,
,, qu'elle ne contenoit en aucune ſorte , ni
,, formellement, ni équivalemment. Donc
,, cette intelligence ne ſe donnera jamais
,, une modalité , ni une détermination;
,, donc il répugne même qu'elle ſe la puiſ-
,, ſe donner : parce qu'il faudroit pour cela
,, que cette intelligence ſe donnât ce qu'el-
,, n'a point , ou plus qu'elle n'a ; ce qui

eſt abſurde. Donc , conclud-on encore, "
pour les ſots qui voudront bien y être "
trompez , il faut admettre la premotion "
phyſique ; car ce *ſecours* de Dieu , par le- "
quel il opere ſeul phyſiquement nos dé- "
terminations , ne peut-être déterminé "
par la creature , laquelle ne ſçauroit ſe "
donner aucune détermination. "

Le quatriéme chapitre , qui eſt intitulé.
Suite de la même matiere touchant la "
production des actions ſpirituelles, tend "
à prouver la même choſe que le precedent,
par l'idée de la création. En voici encore
le précis. ,, Il eſt abſurde , il repugne à
toute raiſon que l'ame puiſſe créer & tirer "
des eſtres du néant; cette puiſſance infinie "
ne peut appartenir qu'à l'eſtre des eſtres, "
qu'à Dieu créateur des choſes viſibles & "
inviſibles. Cependant , ſi l'ame étoit la "
cauſe de ſes actes , ſi elle produiſoit ſes "
déterminations ; elle créeroit de inou- "
veaux eſtres , elle tireroit ces eſtres du "
néant. Donc il eſt abſurde , & il repugne "
à toute raiſon , que l'ame puiſſe produi- "
re ſes actes, & ſes déterminations : donc "
la ſeule operation de Dieu eſt la cauſe "
efficiente & phyſique des actes & des dé- "
terminations de l'ame. Donc , troiſiéme "
concluſion pour les ſots, comme dans le "
chapitre precedent , cette operation de "

F ij

,, Dieu est prédéterminante , & il faut ad-
,, mettre la prémotion physique.

    Le cinquiéme chapitre a pour titre,
,, de la prémotion physique démontrée par
,, la conservation. Il commence par ces
paroles. ,, La production des estres vient
,, de nous fournir une preuve invincible
,, de la prémotion physique ; leur conser-
,, vation nous en presente encore une, qui
,, n'est pas moins évidente....En effet pour
,, nous tirer du neant , il a fallu que Dieu
,, nous ait produit ; & pour nous empê-
,, cher d'y retomber , il faut qu'il nous
,, conserve. Comme la creature n'existe
,, point par elle-même , il est visible que
,, d'elle - même elle retournera dans le
,, neant , si Dieu cesse un moment de lui
,, donner l'existence. La conservation d'un
,, être , n'est donc qu'une continuation de
,, l'action par laquelle Dieu l'a produit, &
,, un renouvellement continuel de sa pro-
,, duction. Or si Dieu produit à tout mo-
,, ment une ame , il la produit toute en-
,, tiere ; *Il la produit avec tout ce qu'elle a de*
,, *réel ; il la produit t'elle qu'elle est : Il pro-*
,, *duit donc à tout moment en elle-même , &*
,, lui fait produire *toutes* ses operations : &
,, c'est là manifestement la prémotion phy-
,, sique. Nôtre Auteur pouvoit-il dire plus
expressément , que comme Dieu seul pro-

duit & conserve par une creation continuée
la substance de l'ame ; aussi lui seul produit
& conserve de même par une veritable
création continuée tout ce que le commun
appelle , *operations de l'ame :* & qu'ainsi ces
pretenduës operations sont des estres aussi
indépendans de l'ame pour la continuation
de leur existence , que pour leur premiere
production ? Qui est-ce , qui ne voit pas
que dans cette consequence , *Dieu produit
donc à tout moment dans l'ame , & lui fait
produire toutes ses operations :* Ces mots , *&
lui fait produire,* ne s'y trouvent placez que
par une seconde reflexion , & à dessein de
tromper les simples ? Car les personnes un
peu éclairées voyent bien que la pensée de
l'Auteur est ; que Dieu en conservant ces
estres qu'on nomme operations de l'ame,
les produit à tous momens comme il produit la substance même de l'ame : qu'ainsi
il seroit aussi ridicule de dire que Dieu fît
alors produire à l'ame ces estres appellez
ses operations ; qu'il seroit ridicule de dire,
que Dieu en conservant l'ame , fît en même-tems produire à l'ame sa propre substance.

Aussi cette preuve paroît-elle au nouveau
predéterminant si propre à bien faire concevoir sa pensée, qu'il la reprend pour lui
donner une bien plus grande étenduë. Pour
cela il fait quatre grandes pages de raison-

nemens afin de montrer , que Dieu conserve les creatures par une creation continuée , ce qu'on ne lui nie pas ; ensuite
il remet sous les yeux de ses lecteurs son
principe , sçavoir que les actions & les
déterminations de l'ame sont autant d'estres ; ce qu'il veut qu'on entende, comme
nous l'avons montré bien clairement, d'estres , qui soient de veritables substances,
aussi bien que l'estre même de l'ame ; car
sans cela toutes ses démonstrations porte-
roient sur rien. Delà il conclud. „ Dieu
„ produit donc non-seulement l'estre de
„ l'ame ; mais encore ses actions & ses dé-
„ terminations...... Donc Dieu en produi-
„ sant l'ame produit aussi sa connoissance
„ & son amour : Dieu produisant nôtre
„ ame dans le second instant , & dans les
„ instans consecutifs , produit aussi en elle
„ toutes ces modalitez. Car premierement,
„ Dieu qui produit l'ame dans tous les mo-
„ mens , produit en elle tout l'estre , &
„ toute la realité , qu'elle renferme : Or
„ comme l'action & la détermination est
„ quelque realité , & quelqu'estre , on
„ doit conclure que Dieu qui produit tou-
„ te l'ame , produit aussi en elle ses actions
„ & ses déterminations. Secondement, il
„ est visible que si Dieu en produisant l'a-
„ me au premier moment de sa durée, pro-
„ duit en elle son action & sa détermina-

tion ; il doit auffi le faire dans le fecond "
moment. Car il n'eft pas poffible que "
Dieu produife moins dans l'ame dans le "
moment B. que dans le moment A. "
Donc Dieu produit nos actions & nos "
déterminations dans tous les momens, "
dans lefquels on les fuppofe déja faites, "
comme dans le premier moment qu'elles "
fe font. Or , reprend admirablement "
l'Auteur , fi Dieu produit ainfi nos ac- "
tions & nos déterminations, il prémeut ; "
car prémouvoir , c'eft operer phyfique- "
ment nos déterminations , c'eft les pro- "
duire. Donc il faut admettre la prémo- "
tion phyfique. "

Enfin le Chapitre fixiéme, qui eft le dernier de cette premiere fection , porte pour
„ titre ; la prémotion Phyfique demontrée
„ par le concours. Il n'eft que trop évident par tout ce que nous avons vû de la
doctrine du Traité , que ce nouveau prédéterminant ne peut employer le mot de
concours , qu'en abufant de ce terme pour
impofer à fes Lecteurs; car là où Dieu feul
fait & produit tout, là où la créature ne peut
rien faire , ny agir en aucune maniére ; là
ne fçauroit y avoir de concours de Dieu
avec la créature. Toutes-fois ce mot de
concours lui a encore paru fort propre à eftre mis en œuvre pour parvenir à fes fins ,
en l'appellant *un concours prédéterminant* , &

F iiij

invectivant contre le *concours concomitant*. Voicy en substance à quoy se reduit ce ,, Chapitre du concours. La volonté sans ,, le concours est absolument sans ac- ,, tion........ avant le concours il n'y a ,, point en elle le moindre mouvement, ,, la moindre réalité d'action & de déter- ,, mination...... Il n'y a pas même d'exi- ,, gence d'action......Il n'y a rien, qui puis- ,, se déterminer Dieu à concourir, par ,, conséquent le concours de Dieu precede ,, toute détermination de la créature; Il ,, prédetermine Physiquement la créature. ,, Donc il faut admettre un concours pré- ,, déterminant. Suit aprés cela un passage de Saint Thomas en Latin, qui prouvera beaucoup à ceux qui n'entendent que le François...... L'Auteur s'arrête là, ne ju- geant pas à propos d'expliquer davantage la nature de ce concours prédeterminant; & je suis fort trompé, si je n'en ay bien de- viné la raison.

Comme dans tous les Chapitres prece- dens il s'étoit donné une entiere liberté, & avoit marqué tres-nettement ce qu'il vouloit qu'on entendît par sa prémotion Physique; il étoit assez inutile de le repéter icy; cela auroit même été dangereux, par- ce que ces idées de *création* & de *conserva- tion* d'estres, rapprochées & mises à côté de l'idée de *concours*, auroient fait un con-

traste fort frappant, qui auroit fait soup-
çonner aux moins défians, qu'on vouloit les surprendre & les joüer, en leur
donnant sous le nom de concours ce qui
n'en eût jamais la moindre apparence. Il
étoit donc bien plus prudent de ne pas
pousser cette matiere du concours plus
loin, qu'elle n'a été poussée dans le Chapitre ; afin de laisser le monde dans la per-
suation, qu'aprés tout, quoi qu'en dit
l'Auteur dans les chapitres precedens ; il
paroissoit pour ce dernier cy, qu'il ne pré-
tendoit enseigner rien autre chose que le
concours prédeterminant tel que les Thomistes disent qu'ils l'admettent : en quoy,
dira-t-on, il n'y a pas si grand mal.

Toutes les autres sections du Traité
fournissent, comme on a déja pû le remarquer, & comme on le remarquera encore
dans la suite, de semblables preuves des
intentions de nôtre Auteur. Mais je crois
que cette Analyse de la premiere section
est plus que suffisante pour montrer ce que
je m'y étois proposé d'éclaircir ; sçavoir
que toutes les demonstrations qu'apporte
nôtre prédeterminant de sa *prémotion Physique*, demontrent seulement, mais le demontrent manifestement, qu'il ne se sert
de ce mot que pour couvrir une opinion
aussi impie qu'insensée, laquelle consiste à
dire que tout ce qui a coûtume de s'appel-

F v

ler *action* , *détermination* , *modalité* de l'ame,
est un estre réel , une veritable substance ;
que Dieu seul crée & conserve , comme il
crée & conserve l'ame même & la matiere;
& qu'ainsi l'ame, ni nulle intelligence créée
n'a pas plus de vraye puissance , ou d'activité , qu'un morceau de pierre ou de bois.

Qu'on n'aille point au reste me répondre,
que dans ces Chapitres mêmes dont je
viens de donner des abregez , l'Auteur
fait cent fois mention de *puissance* & *d'acti-*
vité de l'ame ; qu'il dit à la verité que Dieu
produit & conserve nos modalitez , & que
l'ame avant que de les avoir acquises , ne
les contenoit point , ne les avoit pas même
équivallemment. Mais que de tout cela,
il en conclud seulement , que *l'ame ne se*
donne pas seule , ne produit pas seule ses dé-
terminations. (a) Car outre ce que j'ay déja
dit sur ces sortes de manieres de parler,
que l'Auteur n'affecte que pour ne pas
déclarer trop ouvertement des sentimens,
qui choquent égalemeut & la raison & la
Religion ; c'est que pour peu qu'on soit
capable de reflexion , on s'apperçoit aisément par la seule lecture des endroits , où
elles se trouvent plaéces qu'elles y ont été
comme ammenées en dépit du bon sens.
On prouve, par exemple, dans ces endroits

____

a. Cy dessus , ch. 3. & 4.

là même , qu'il y a contradiction que l'ame puisse produire la moindre action ; & cependant on y parle de l'activité de l'ame : on y dit qu'elle a la puissance d'agir. On prétend demontrer Géometriquement que tout ce qui s'appelle modalité de l'ame , amour , determination , &c. étant un estre qui ne peut exister s'il n'est tiré du néant par une vertu infinie; Dieu seul, en qualité de Createur de toutes choses, peut le produire ; & cependant on conclud ; donc l'ame *seule* ne produit pas ses modalitez. Voilà un artifice bien subtil ! S'il est capable de tromper quelqu'un , il faut que celui-là ait beaucoup de discernement ?

IV.

MAis admirons presentement la confiance de ce personnage , qui malgré tant de traits si bien marquez , ausquels il est impossible de ne le pas reconnoître pour ce qu'il est , se persuade néanmoins qu'il pourra se dérober aux yeux de tout le monde, & passer dans la foule des Thomistes , à la faveur de quelques invectives, de quelques déclamations vagues contre les Systêmes opposez à la prédetermination Physique , dont il aura pris soin de s'armer. Le public doit être indigné qu'on le prenne ainsi pour duppe , sur tout s'il fait reflexion que ce langage , qu'on affecte pour le seduire , n'est qu'un langage emprunté des Heretiques ausquels l'Ecole de Saint Thomas s'est toûjoûrs opposée avec toutes les autres Ecoles Catholiques.

Les Partisans des erreurs condamnées par le saint Concile de Trente, & prescrittes encore depuis par plusieurs Bulles des Souverains Pontifes, ont mille fois fait entrer dans leurs impies satires contre les Docteurs Catholiques le mot de grace *versatile*. Ce mot leur a toûjours parû propre à avoir place dans les fades railleries qu'ils faisoient d'une grace à laquelle la volonté humaine pût ou donner , ou refuser son consentement ; d'une grace qui s'accommodât avec le libre arbitre de l'homme , d'une grace qui ne detruisît ny la racine du merite dans la créature raisonnable ; ny le fondement de la justice dans Dieu. On a eu beau leur dire & leur redire , que cette Épithete donnée à la grace, telle que l'Eglise de Jesus-Christ l'enseigne & l'a toûjours enseigné à ses veritables enfans, marquoit en eux , ou une grossiere ignorance , ou une étrange mauvaise foi. Une grossiére ignorance ; s'ils croient effectivement , que la grace peut bien être nommée *versatile* , dés-là qu'elle ne nous ôtoit pas la liberté de luy résister;quoy que d'ail-

leurs elle fût infiniment gratuite de la
part de Dieu , qui la donne par pure bonté
à qui il lui plaît , fans que l'homme puiffe par fes forces naturelles la meriter en
aucune façon , ny s'en rendre digne le
moins du monde ; quoy qu'elle prévint
toûjours la volonté humaine , qui fans elle ne peut faire aucun pas dans la voïe du
falut , & eft même incapable de faire aucun effort pour entrer dans cette voïe ;
quoy qu'enfin celui dont la fageffe gouverne toutes chofes avec un temperam-
ment admirable de force & de douceur
trouvât toûjours dans elle un moïen efficace & infaillible de tourner à fon gré les
cœurs de ceux à qui il lui plaît de faire mi-
fericorde. *Cujus miferetur fic eum vocat , quo-*
modò fcit congruere ut vocantem non refpuat.
Une étrange mauvaife foy ; fi n'ignorant
pas que ces caractéres de la grace enten-
duë dans le fens veritable & Catholique,
n'avoüant rien de commun avec l'idée pe-
lagienne d'une grace tellement *verfatile* ,
& affervie à la volonté de l'homme , qu'il
puiffe la meriter par fes propres forces ;
ils affectoient cependant toûjours contre
leur confcience de lui donner cette odieu-
fe qualité au fcandale des fidelles.

N'importe ces confiderations n'ont jamais été capables de faire impreffion fur
des efprits livrez au menfonge , que rien

n'arrête , quand il s'agit d'insulter à la verité. Or voilà les modelles , que nôtre Auteur copie. A l'entendre , tous ceux , qui
ne croient pas, que nos Actes bons & mauvais soient de saintes , ou criminelles substances créées de Dieu sans que l'ame y ait
nulle part , sont des gens qui admettent
une grace *versatile* ; & qui rendent inutile l'avenement de Jesus-Christ. Il seroit
trop long de copier icy tous les endroits
ridicules de son livre , qui regardent ce
point. Je me contenteray d'en rapporter
un , qui m'a parû remarquable entre tous
,, les autres. (*a*) Si la grace versatile ;
,, dit-il dans la seconde partie de la sec-
,, tion seconde , est toûjours donnée à
,, l'homme , si elle ne peut lui être refusée,
,, sans qu'il cesse de pécher; Qu'est-ce que
,, Jesus-Christ a fait plus aux hommes ,
,, que les Philosophes ? Il a instruit , les
,, Philosophes l'ont fait : Il a donnez des
,, loix , les Philosophes en ont donné. La
,, grace étoit presente du temps des Philo-
,, sophes , comme du temps de Jesus-
,, Christ. On dira sans doute que c'est Je-
,, sus-Christ , qui la donnée : Mais qu'im-
,, porte; Dieu ne pouvoit la refuser, quand
,, même il n'auroit pas envoyé Jesus-
,, Christ : si sans cela les hommes n'au-

a) *Sect.* 2. *p.* 2. *Ch.* 3. *pag.* 91.

roient point commis de pechez , à quoy "
donc a plus fervi l'avenement de Jefus-"
Chrift , que celui de Platon? On auroit "
eu la grace fans l'un & fans l'autre , ils "
ont prêché l'un & l'autre ; la Doctrine "
de l'un eft à la verité plus parfaite , que "
celle de l'autre ; mais celle de Platon , "
eft auffi plus parfaite que celle d'un au- "
tre Philofophe. Ainfi Jefus-Chrift fera "
au deffus de Platon , un peu plus que "
Platon n'eft au deffus d'Epicure par "
rapport à l'utilité qu'ils ont apporté au "
genre humain ; mais *quelle horrible &* "
épouvantable comparaifon. "

Qui peut dire combien ce feul paffage
renferme d'erreurs , de calomnies, de traits
impudens ? Ce miférable Auteur pourroit-
il prouver que jamais Théologien Catholique en fuppofant ; que Dieu offre libe-
ralement fa grace à tous les hommes , afin
qu'ils s'en fervent pour operer leur falut,
& qu'il ne refufe à perfonne dans le befoin ; fe foit avifé de dire , ou de penfer,
que dans cette fuppofition Jefus-Chrift n'a
été utile au genre humain que par les inf-
tructions & les loix , qu'il a données ?
Pourroit-il encore prouver , qu'il foit jamais venu dans l'efprit à aucun Docteur
Orthodoxe de dire, qu'après le peché d'A-
dam & la décadence de toute la nature humaine , il n'ait pas été libre à Dieu de re-

fuſer aux hommes la grace de leur reconci-
liation , & tous ſecours de ſalut ; quand
même il n'auroit pas pris le deſſein de leur
accorder un liberateur , & de leur envoïer
Jeſus-Chriſt ? Mais s'il ne peut prouver ny
l'un , ny l'autre de ces faits ; pourquoy fait
il entendre , que quiconque ne reçoit pas
ſon Syſtême, oppoſé à tout ce qu'il lui plaît
de nommer *grace verſatile* , admet dés-là ces
deux fauſſes & extravagantes opinions : la
premiere, que Jeſus-Chriſt n'eſt au deſſus
de Platon , qu'un peu plus que Platon eſt
au deſſus d'Epicure ; puiſqu'il n'a ſervi au
genre humain que comme les Philoſophes ,
en prêchant, en inſtruiſant , en donnant
des loix. La ſeconde que Dieu ne pouvoit
refuſer ſa grace à des hommes criminels ,
quand même il n'auroit pas envoïé Jeſus-
Chriſt. Qu'on auroit eu la grace auſſi bien
ſans Jeſus-Chriſt , que ſans Platon...... cela ne s'appelle-t-il pas des calomnies & des
impoſtures ?

Mais ce qui fâche nôtre Auteur contre
les adverſaires de ſon pernicieux Dogme,
c'eſt qu'on diſe ſuivant toutes les lumieres
de la raiſon & de la Religion , que ſi Dieu
refuſoit à un homme toutes les graces abſolument néceſſaires , & ſans leſquelles il ne
fût pas poſſible à cet homme de reſiſter
aux tentations , dont la vie eſt pleine , ny
de s'abſtenir du peché, alors Dieu ne pour-

roit pas juſtement lui imputer ces chûtes inévitables, ces pechez, dont il n'auroit pas été en ſon pouvoir de ſe préſerver:(*a*) C'eſt qu'on improuve ce qu'il enſeigne dans cet-te même ſection ſeconde, & ailleurs; ſça-voir que Dieu peut mettre un homme dans l'obligation d'accomplir un precepte qu'il lui aura impoſé, ſans néanmoins donner à cet homme la grace qui lui ſeroit neceſſaire pour pouvoir obſerver ce prece-pte. C'eſt qu'on ne convienne pas avec lui, que quand un juſte a le malheur de perdre par un peché l'amitié de ſon Dieu; ce ſoit la faute de Dieu, qui ait le premier abandonné ce juſte en luy refuſant cette prémotion Phyſique, hors laquelle le nou-veau prédéterminant ſuppoſé qu'on ne peut imaginer que de ces graces verſatiles, dont il ſe mocque. Tels ſont les beaux principes, d'où part cette biſarre interrogation, *ſi la grace verſatile eſt toûjours donnée à l'homme, ſi elle ne peut lui être refuſée ſans qu'il ceſſe de pêcher; queſt-ce que Jeſus-Chriſt a fait plus aux hommes, que les Philoſophes?*

Enfin l'on ne peut nier, que ce ne ſoit une extrême impudence de faire d'indignes paralelles de Jeſus-Chriſt avec Epicure, & Platon, pour appuïer l'erreur & la calom-nie, comme fait nôtre Écrivain; & que ce

a *Sect.* 2. *p.* 2. *ch.* 7. *pag.* 61. 62. 63.

ne foit fur lui que tombe à plomb le reproche contenu dens fes derniéres paroles,
Quelle horrible & épouvantable comparaifon ?

Venons à un autre artifice, dont le prédeterminant fait encore ufage pour décrier
toute faine Doctrine, qui ne peut s'accommoder avec la fienne. Ce déclamateur après
avoir pofé pour fondement , ainfi qu'on
vient de le faire remarquer ; que toute operation de Dieu par rapport aux actions humaines , qui n'étoit pas une prémotion telle qu'il l'entend ; c'eft-à-dire , une véritable création de ces actions , n'étoit qu'une
grace *verfatile.* Il en conclud tout droit &
fans façon ; que dans tout autre Syftême
que le fien , on fera obligé de reconnoître
que tout homme aura toûjours en quelque
occafion que ce puiffe eftre , une grace de
parfait équilibre , qui tiendra perpetuellement fa volonté de niveau , fans que jamais dans les plus grandes tentations, comme dans les plus petites elle panche le
moins du monde , plus d'un côté que de
l'autre. Aprés cela il déploye fon éloquen-
ce à montrer que dans ce ridicule fentiment , entre lequel pourtant & le fien ,
il n'y a point felon lui de milieu , l'homme
n'aura nulle obligation à Dieu de cette grace de parfait équilibre ; parce que Dieu
ne la lui pourra pas refufer , étant une chofe dûë ; il fera inutile & même déraifonna-

ble de prier pour demander à Dieu cette grace ; par la même raison on n'aura plus aucun sujet ny de craindre , ny de veiller sur soi , ny de fuïr les occasions dangereuses , ny de se mortifier en rien ; parce que Dieu est obligé de conserver toûjours dans l'ame l'équilibre parfait au milieu des attraits vers le mal les plus picquants & les plus vifs , en sorte qu'il ne sera pas plus difficile de résister aux plus grandes tentations , qu'aux plus petites, l'humilité ne sera plus qu'une fausse vertu établie sur le pur mensonge ; l'Adoration , & tous les devoirs de la vie chrêtienne , ne seront que des devoirs feints & hypocrites , que Dieu n'aura point droit d'exiger & que l'homme aura tort de lui rendre;parce que nous tiendrons de nous seuls ce qu'il y aura de meilleur en nous , nous ne devrons qu'à nous-mêmes nôtre perfection. Enfin , pour tout dire en peu de mots, c'en est fait de la Foy, de l'Esperance , de la Charité , de l'Evangile & de toute la Religion , si l'Eglise ne change au plûtôt de sentiment , si elle n'oblige incessamment tous les fidelles à croire , conformément au Traité de l'action de Dieu , qu'il n'y a point d'autre grace, que cette operation Toute-Puissante par laquelle Dieu crée , quand il lui plaît, & tire du pur néant de ces substances , qu'on appelle Actes de vertus pour les met-

tre dans l'estre de quelqu'ame , qu'il veut
rendre agréable à ses yeux, de même qu'il
crée,& bien plus souvent, d'autres substances , qui se nomment des crimes de toute
espece , afin de les unir aux ames de ceux
qu'il est bien-aise d'avoir sujet de haïr dans
ce monde , & de punir éternellement
dans l'autre.

Au reste si je n'ay pas fait icy les extraits
des endroits , où se lisent tant de belles
choses , c'est premierement parce que ces
extraits auroient été trop longs , il auroit
fallu copier d'un bout à l'autre toute la seconde section , & une grande partie de la
plus part des autres. (*a*) C'est en second
lieu que nous aurons dans la suite occasion
d'examiner en particulier ces morceaux curieux , où le discoureur prédeterminant
fournit matiere à quantité de reflexion ,
qui meritent bien de tenir une place distinguée dans nôtre Ouvrage.

a Cy-après ch. &c.

CHAPITRE VI.

COMMENT L'AUTEUR DU
Traité répond aux objections,
qu'on peut former contre
son Systême.

JUsqu'icy j'ay tâché de mettre mon Lecteur au fait du Systême de nôtre prédeterminant. J'ay mis au jour son principe
fondamental, j'ay consideré ce principe en
lui-même, je l'ay consideré par rapport à
ses consequences; j'ay de plus montré l'u-
sage qu'on en fait dans le Traité, sur tout
par rapport à la prémotion Physique, qu'on
prétend établir par ce principe. Il me semble donc qu'il ne me reste plus presentement que d'examiner, comment l'Auteur
s'y prend pour parer aux difficultez, qui se
rencontrent dans sa doctrine, lesquelles
comme on a vû ne sont ny legeres, ny en
petit nombre.

I.

EN general il est à propos de remarquer, que le rusé Philosophe employe, pour se délivrer d'une partie de son embarras, trois petits Stratagemes, que je découvrirai ici en faveur de ceux, qui n'auroient pas lû son Ouvrage ; car pour ceux qui auront eu la patience de le lire, îls auront sans doute apperçû ces finesses aussi bien que moy.

Le premier, & qui ma parû le meilleur pour lui, c'est de dissimuler tout-à-fait les objections sur lesquelles il sent bien que sa deffense ne pourroit être que foible, & l'exposeroit à dire beaucoup plus qu'il ne voudroit. C'est apparemment par ce motif, qu'il n'a jamais fait semblant de s'appercevoir de l'inconvenient le plus capital, & le plus essentiel de tout son étrange Sistême, sçavoir qu'une perception, une connoissance de l'entendement ; une détermination, un consentement, une Acte de la volonté ; une de ces choses, qu'on n'a jamais dû, ny pû concevoir, que comme de simples modalitez de l'ame, soit une vraye substance créée de rien, une substance simple & spirituelle, aussi noble & plus noble, que la substance même de l'esprit, sur laquelle on imagine ridiculement un milion de ces autres substances', entassées & ammoncelées. Je me trompe , ce n'est pas là le point qu'il a dissimulé ; puis qu'au contraire c'est justement ce qu'il a voulu établir comme le fondement de sa doctrine : Mais sur quoy il a affecté un profond silence, c'est sur l'absurdité & les extravagantes consequences d'un tel principe, c'est sur la liaison necessaire , qu'il a avec les plus monstreuses erreurs , dont il est un germe fécond & abominable. Effectivement quel party auroit-il pû prendre, s'il eût seulement touché ces difficultez ? Ou il auroit fallu abjurer toute sa doctrine , & par consequent brûler lui même son livre, bien loin de le donner au public, ou il auroit été forcé de convenir dans son ouvrage même que c'étoit peut-être l'ouvrage le plus insensé , qui eût jamais parû. Or il est aisé de juger , que le plus doux de ces deux partis , est bien rude à prendre. Le plus court étoit donc de se flater , que le monde entier seroit assez sot pour ne pas faire la moindre reflexion à tous ces inconveniens ; du moins qu'il seroit assez duppe , quand même il en devroit être un peu frappé , pour soûmettre respectueusement ses pensées à l'autorité d'un homme , qui se donnoit pour Philosophe profond, pour Géometre accompli , qui n'avançoit rien , qu'il ne pretendît avoir demontré par des

Axiômes , des Lemmes , & des Theorê-
mes , qui à propos de la prémotion , faisoit montre d'une science prodigieuse , en
décidant hardiment mille questions de Philosophie & de Theologie : homme d'ailleurs des plus disserts , grand faiseur de
descriptions & de peintures vives & agréables , fort capable de divertir ces esprits,
que rien ne charme tant qu'un joly mot,
ou une belle phrase ; homme enfin , qui
sçait prendre quand il veut le ton devot &
pathetique pour representer la grandeur
de Dieu , le néant de la creature, pour in-
vectiver contre ceux , qui par un orgüeil
insuportable se persuadent que la grace ne
les sanctifiera pas, s'ils ne consentent à suivre ses attraits , ou que Dieu ne les dam-
nera pas pour avoir manqué d'observer des
commandemens , qu'il ne leur étoit pas
possible d'observer, faute de certains secours absolument necessaires que Dieu
leur refusoit ; ou plûtôt faute d'un estre,
qu'ils ne pouvoient pas se donner , & que
Dieu ne vouloit pas créer en eux.

I I.

UN second trait d'adresse , qui brille
dans le fameux traité ; c'est que
quand les choses qu'on y enseigne portent
si manifestement leur objection avec elles,
qu'il

qu'il n'eſt pas poſſible de la diſſimuler,
alors on l'inſinuë legerement , & comme
une petite bagatelle, qui pourroit ſeulement faire peine à ceux , qui ne verroient
pas aſſez le fond des choſes. Enſuite on
y donne une réponſe ſuperficielle en faiſant eſperer que dans la ſuite on trouvera
de plus amples éclairciſſemens. Rien n'eſt
plus propre que cette methode à faire diſ-
paroître une difficulté ſolide, ſans l'appro-
fondir , ni la bien reſoudre. (a) Ainſi en
uſe-t'on dans le chapitre troiſiéme de la
premiere ſection. Après avoir pretendu
démontrer dans ce chapitre même , &
dans tous les deux precedens ; qu'il répug-
noit à toute raiſon que l'ame pût ſe donner
une détermination , ou une action , parce
qu'alors elle ſe donneroit ce qu'elle n'a
pas , ou plus qu'elle n'a , parce qu'elle créeroit un eſtre tout nouveau , en le tirant
par une vertu infinie du pur néant , ce qui
eſt abſurde ; on s'oppoſe negligemment ;
,, Mais ne pourroit-on point conclure de
,, cette démonſtration , que même avec le
,, ſecours de Dieu l'ame ne produira point
,, une telle action ? Car dira-t'on , c'eſt
,, Dieu, qui ajoûtera ce nouveau degré
,, d'eſtre à l'ame , & qui l'operera en elle,
,, & ce ne ſera point elle , qui operera :

a *Sect.*1. *chap.*3. *pag.*19.

G

Ensuite on répond d'un air de mépris.
,, Cette consequence n'est pas juste , & ne
,, suit point de ce qu'on vient d'avancer.
,, Il ne faut pas s'imaginer , que lors que
,, Dieu fait agir nôtre ame , qui a la puis-
,, sance simple d'agir, il mette simplement
,, en elle cette action , comme il a mis la
,, puissance ; ensorte que la puissance &
,, l'action soient deux estres à part , deux
,, estres issolez , pour ainsi dire , & indé-
,, pendans l'un de l'autre. Ce seroit une
,, étrange illusion de le concevoir ainsi ;
,, l'ame ne seroit plus active,& il n'y auroit
,, plus entre elles & les estres inanimez cet-
,, te étonnante difference , que la foi & la
,, raison nous obligent d'y reconnoître.....
,, Mais ce n'est pas le lieu de parler plus
,, au long de l'activité de l'ame , il faudra
,, en traiter en particulier. Voilà mot à mot
le second stratagême reduit en pratique.

Car premierement, pour proposer l'objection dans toute sa force , il falloit dire ;
de cette demonstration, *que l'ame ne peut se
donner aucune détermination ; parce qu'il faudroit pour cela qu'elle se donnât ce qu'elle n'a
pas , qu'elle creât un nouvel estre de rien,
comme Dieu a créé le monde ; ce qui est impossible & absurde.* On conclura sans doute
bien des choses ; la premiere , que l'ame
n'a effectivement, ni ne peut avoir aucune
part à la production de ce qui s'appelle

neanmoins son action , ou sa détermination ; la seconde , que l'operation par laquelle Dieu seul produit cet estre nommé
action de l'ame , ne peut point s'appeller
un *secours* de Dieu donné à la creature, car
cette idée de *secours* demanderoit que la
creature contribuat quelque chose à la
production de sa prétenduë action : la
troisiéme , que l'ame dans la verité n'a
nulle puissance par rapport à son action,
ou à sa détermination , puis qu'il lui est
impossible de la produire ; puis que cette
puissance ne se conçoit que comme un
pouvoir chimerique de se donner ce que
l'on n'a pas, de créer par une vertu infinie,
laquelle vertu ne sçauroit convenir à la
creature : la quatriéme , qu'il n'y a donc
plus d'activité dans l'ame , ni de difference
entr'elle , & les estres inanimez , quoique
la foi & la raison, nous obligent d'y en reconnoître une étonnante : la cinquiéme,
que la puissance purement passive , qui
seroit la seule qu'on pourroit encore imaginer dans l'ame, de recevoir de nouveaux
estres ajoûtez au sien , est veritablement
un estre tout different de cet autre estre,
qu'on nomme action ; que ce font deux
estres à part , deux estres issolez puisque
chacun d'eux est créé separément , & en
divers tems , puis qu'ils sont *un estre , plus*

un autre eſtre. Voila, encore un coup, comment il falloit propoſer l'objection.

Mais ſecondement, l'objection ainſi propoſée, il me ſemble que c'eſt la traiter bien cavalierement, que de ſe contenter de dire, *que ces conſequences ne ſont pas juſtes;* car il eſt certain qu'elles ſuivent tres évidemment de la demonſtration; j'en fais juge tout homme de bon ſens.

Troiſiémement l'apparence de reponſe, qu'on apporte enſuite, n'eſt manifeſtement que ce qu'on appelle en logique, *petition de principe;* Parce qu'elle ſuppoſe perpetuellement comme vrai & accordé, ce que dans l'objection même l'on nie, & l'on démontre faux; ſçavoir que dans les principes, & conſequemment à la démonſtration de l'Auteur, l'ame ait la puiſſance d'agir; que Dieu faſſe agir nôtre ame; lors qu'il crée en elle un eſtre; que la puiſſance, qu'on attribuë ſans fondement à l'ame, ne dût pas être conçûë, comme un eſtre ſeparé de cet autre eſtre nouvellement créé; qu'il y ait une étonnante difference entre l'ame & les eſtres inanimez.

Quatriémement enfin. Après cette pitoyable réponſe, on appointe l'affaire, en renvoyant bien loin le lecteur aux endroits, ou il ſera parlé de l'activité de l'ame. Mais qu'on ait la curioſité de conſulter ces endroits dans le second tome & à la derniere section de l'Ouvrage ; on n'y trouvera qu'un tres-long Galimattias fait tout exprès pour achever de répandre des tenebres sur une matiere , où l'on n'a jamais voulu que personne vit clair.

Je trouve encore sous ma main un exemple tout semblable du même artifice. (*a*) L'Auteur dans le cinquiéme Chapitre ayant demontré , ou crû démontrer par l'idée de la conservation , comme d'une creation continuée ; que Dieu ne produisoit ny ne conservoit pas les actions qu'il mettoit dans l'ame , d'une autre maniere qu'il produisoit & conservoit la substance même de l'ame ; & qu'ainsi si en produisant l'ame au premier moment de sa durée il avoit produit en elle son action , il devoit aussi le faire dans le second moment , & dans tous les autres. Il se fait en passant objecter deux difficultez ; l'une , que si Dieu en " produisant l'ame , produisoit en elle son " action , l'ame ne seroit point active; par- " ce que , comme elle n'est point active " pour produire son propre estre , elle ne " seroit point active non plus pour pro- " duire son action ; l'autre que suivant ses " principes , on doit raisonner de l'ame " dans tous les momens de sa durée , com- "

______

a Sect. 1. *ch.* 5 *pag.* 34.

,, me dans le premier , & que comme elle
,, n'eſt pas libre dans le premier moment à
,, acquerir la premiere penſée , elle n'eſt
,, pas libre , ny indifferente à l'égard des
,, actions ſuivantes. A cela , pour premiere
re & principale réponſe , il dit , ,, ces deux
,, difficultez demandent un long éclaircif-
,, ſement , & l'on tâchera de le donner en
,, ſon lieu. Cela n'eſt-il pas fort capable de
ſatisfaire , ſur tout lors qu'après avoir
parcouru le livre entier , on n'a point
trouvé ces éclairciſſemens promis , ny ce
,, lieu où ils doivent être ? Il ajoûte. En
,, attendant je réponds à la premiere, que ,
,, quoyque Dieu produiſe en nous l'ac-
,, tion, auſſi bien que la faculté d'agir , l'a-
,, me eſt active à l'égard de l'action. Cela
eſt bien-tôt dit ; Mais comme nous avons
déja remarqué dans le premier exemple ,
c'eſt ce qu'on nie, & ce qu'il faudroit prouver. Enſuite pour repondre à la ſeconde dif-
,, ficulté : l'ame , dit-il , n'eſt pas libre à
,, l'égard de la premiere penſée , qui ſe
,, trouve en elle au premier moment de
,, ſon eſtre ; parce que pour eſtre libre à
,, l'égard d'une action , il eſt neceſſaire de
,, produire cette action d'une maniere de-
,, liberée ; & pour avoir deliberé ſur une
,, action , il faudroit auparavant avoir
,, agi. Or avant la premiere penſée , on n'a
,, point pû agir. Par conſequent la pre-

miere penfée donnée au premier mo- "
ment de l'eftre , n'eft point libre. Mais "
cette raifon n'a point lieu ; comme il eft "
vifible par les autres actions. On enfeigne
en Logique qu'une des fources les plus or-
dinaires des mauvais raifonnemens , que
font les Sophiftes , eft ce qui s'appelle *igno-
ratia elenchi* , l'ignorance vraye , ou affec-
tée de ce qui eft en queftion , lors qu'un
homme prenant lui-même , où voulant
donner aux autres le change s'amufe à
prouver tout autre chofe que ce qu'il devroit. Or c'eft précifement ce que fait icy
l'Auteur. On lui demande, comment dans
fa doctrine il fe peut faire , que Dieu produifant par une création continuée les fecondes & les troifiémes actions de l'ame ,
de la même maniere, qu'il a produit la premiere action par la premiere création ;
comment, dis-je , il fe peut faire que l'ame
foit plus caufe libre des fecondes & des
troifiémes actions, que de la premiere ? A
cela il repart froidement. C'eft que "
pour être libre à l'égard d'une action , il "
eft neceffaire de produire cette action "
d'une maniere deliberée ; & pour avoir "
deliberé fur une action, il faudroit aupa- "
ravant avoir agi , &c. Mais comme on "
le voit , cela ne touche pas feulement à la
difficulté propofée. Pour la réfoudre cette
difficulté , il faudroit apporter quelque

G iiij

bonne disparité entre l'operation par laquelle Dieu produit dans l'ame ses secondes actions , & l'operation par laquelle il lui a donné la premiere : C'est cette disparité , que l'on demande , & le Sophiste au lieu de l'apporter , parce qu'effectivement il n'y en a point selon lui , nous dit en l'air , que la difference entre les actions libres , & les actions nécessaires , consiste en ce que les unes se font d'une maniere deliberée , les autres se font sans delibération. Aussi est-il évident qu'il ne se tire point d'embarras par cette réponse vague & hors de propos: car on ramenera précisement la même difficulté contre la déliberation , où l'action de déliberer requise à l'exercice de la liberté ; en lui disant , selon vous la déliberation même , où l'action de déliberer est aussi bien que toute autre action de l'ame , un estre réel , que Dieu produit dans l'ame au second moment , tout comme il y produit la premiere action au premier moment : donc la déliberation ne dépend pas plus de l'ame dans ce second moment qu'en dépendoit l'action dans le premier moment: donc l'ame n'a pas plus le pouvoir de déliberer, que de se donner sa premiere action.

III.

ENfin le troisiéme Stratagême de nôtre Auteur consiste à faire passer les
affreux reproches que merite sa doctrine,
pour des objections communes, que l'on
a coûtume de faire à tous ceux, qui soûtiennent la prédetermination Physique.
Nous avons vû cy-dessus dans le Chapitre troisiéme de cette réfutation à quelles
horribles conséquenees conduisoit son
principe : or parce que l'on objecte aux
deffénseurs de la prédetermination ordinaire ; qu'il semble que leur Systême ne
s'accommode pas assez bien avec la liberté
de l'homme, ny avec la sainteté de Dieu ;
le faux prédeterminant à qui seul nous
en voulons icy, a pris de là occasion de
faire accroire, qu'on ne pouvoit former
contre tout ce qu'il avoit dit dans son long
Traité, que les difficultez, qu'on forme
dépuis si long-temps contre les Thomistes,
qui soûtiennent une prémotion Physique ;
& qu'ainsi il n'avoit point non plus d'autre
réponses à apporter, que celles que ces
Thomistes ont déja si souvent données à
leurs adversaires. C'est dans cette vûë qu'il
a tantôt absolument dissimulé, tantôt lé-
gerement insinué, comme nous venons de
voir, certaines objections, qu'il ne lui

G v

eût pas été si aisé de rendre communes aux autres prédeterminans ; parce qu'elles sont trop éloignées de leur principe & trop voisines du sien. Il falloit donc faire un choix de celles sur lesquelles on pouvoit parler plus librement à la faveur d'un certain langage déja reçû dans de pareilles disputes. Mais ce choix étant fait , il étoit encore à propos de rejetter cette discussion à la derniere section de l'Ouvrage , plûtôt que d'y entrer à mesure que l'occasion s'en presentoit. Par là l'on trouvoit le secret de debiter & d'arranger à sa fantaisie toutes ses idées , sans que le Lecteur eût envie de contredire , ou d'interrompre, amusé qu'il étoit par l'esperance d'être à la fin satisfait sur toutes les peines, qu'il pouvoit avoir : l'on trouvoit encore un assez bon moyen de faire ensorte que ce même Lecteur après un intervalle presque immense de longs & ennuyeux discours concernans mille sujets tous differens, ne se souvint guéres de la plûpart des choses , qui l'auroient choqué , ny encore moins des raisons qu'il auroit eües d'en être choqué.

Cependant malgré tant d'artifices si bien menagez , je suis persuadé que les personnes intelligentes conviendront que la cause de ce prédeterminant cy , n'est point celle des autres prédetérminans.

Celui-cy n'eſt qu'un Partyſan de l'erreur & des nouveautez les plus dangereuſes ; qui a pris le nom & la livrée de ceux-là, pour être plus en état de combatre & de detruire, s'il pouvoit, des veritez reſpectables à quiconque n'a renoncé ni au bon ſens, ni à la foy. Ainſi l'on ne devra pas être ſurpris, ſi en examinant, comme je vais le faire, les réponſes empruntées, que l'Auteur du Traité tâche de s'approprier, pour paroître avoir ſatisfait à quelques-unes des difficultez qu'on lui a objectées, je m'attache moins à faire ſentir le foible de ces réponſes priſes en elles-mêmes, qu'à montrer qu'il n'en peut tirer aucun avantage pour la juſtification de ſa doctrine particuliere. Entrons en matiere : & pour cela citons d'abord les paroles de l'Auteur ; enſuite faiſons quelques reflexions ſur ces paroles.

I V.

C'Eſt dans la ſeptiéme & derniére ſection de l'Ouvrage, comme je viens de dire, qu'on s'eſt enfin réſolu de paroître entrer tout de bon en éclairciſſement ſur un certain nombre d'objections choiſies ; leſquelles par la reſſemblance des expreſſions fuſſent capables d'intereſſer les Thomiſtes prédeterminans, & donnaſ-

sent beau à se servir de leurs propres réponses , pour leur persuader qu'on ne soû-
tenoit que leur querelle.

(*a*) Dés le premier Chapitre de la premiere partie de cette section , l'Auteur
commence à jetter de la poussiere aux yeux
par un langage artificieux , qui dispose les
esprits à croire ; premierement que sa doctrine n'est que la doctrine ordinaire de la
prémotion Physique ; secondement que
cette doctrine est, d'un côté si bien établie,
& d'un autre si profonde & si sublime,
qu'il ne faut pas se laisser ébranler par des
objections dont les prejugez de l'enfance ,
l'orgüeil & l'amour de l'independance , la
corruption de la nature , la petitesse de
,, l'esprit humain fait toute la force. Le
,, Systême , dit-il , de la prémotion Physi-
,, que , est, comme on l'avoüe assez com-
,, munément , celui de tous les Systêmes,
,, qui se soûtient le mieux , & qui donne
,, les idées les plus distinctes, les plus no-
,, bles & les plus suivies. Mais ce Systême
,, a ses difficultez , & c'est ce qui en éloi-
,, gne........ On insiste moins sur la force
,, des preuves, que sur la réponse aux ob-
,, jections, & l'on va souvent jusqu'à faire
,, dependre l'une de l'autre. Mais de tenir
,, ainsi en suspens & de ne fixer son juge-

a Sect. 7. ch. 1. pag. 164.

ment qu'après l'éclaircissement des dif- "
ficultez , c'est une mauvaise disposition "
d'esprit , lors qu'il s'agit de preuves cer- "
taines & de démonstration ; en ce cas il "
n'y a plus à balancer & l'on n'est point "
reçû à alleguer des objections...... Le "
respect, qui est dû à la verité, lors qu'elle "
se montre nous oblige de nous y rendre "
indépendemment de toutes les difficul- "
tez..... Quiconque apporte des demons- "
trations de ce qu'il avance , n'est point "
obligé d'entrer dans la discussion des dif- "
ficultez : il faut trancher court , en di- "
sant : Vos objections sont fausses ; parce "
que mes demonstrations sont vraies.... "
Mais comment ces objections sont-elles "
fausses ? C'est ce que je ne vous explique- "
ray pas , pourra-t-'il répondre : Mes lu- "
mieres vont jusqu'à voir qu'elles sont "
fausses , mais non pas jusqu'à pénetrer "
positivement pourquoy : C'est un nœud, "
que je puis couper , mais dont je ne puis "
demêler les detours. Une telle réponse, "
je l'avoüe , ne satisfait pas vôtre es- "
prit... Mais en cela vôtre esprit est visible- "
ment injuste , & cette injustice vient de "
cette playe originelle , qui est appellée "
selon saint Augustin , la concupiscence "
des yeux....... Dans les Mathematiques "
il n'y a point d'autre methode ; parce "
qu'on apporte des demonstrations , ja- "

,, mais on ne répond aux difficultez.......
,, Pourquoy donc dans l'accord de *la gra-*
,, *ce efficace* avec le libre arbitre , ne fui-
,, vroit-on pas une methode fi fage & fi
,, proportionnée à l'efprit humain ? Il fem-
,, ble qu'il n'eft point de matiere , qui le
,, demande plus , car il n'en eft point , qui
,, demande des connnoiffances plus éten-
,, duës...... Car l'accord de ces matieres
,, eft bien different du rapport mutuel du
,, quarré & du cercle ; ces deux figures
,, font du même genre. Mais icy il s'agit
,, d'accorder l'action d'une caufe particu-
,, liere avec celle de la caufe univerfelle :
,, il s'agit de montrer le rapport entre l'ef-
,, tre fini & l'eftre infini...... Quand donc
,, on ne pourroit apporter la folution de
,, ces difficultez , ce ne feroit une marque
,, que de nôtre ignorance ; mais à Dieu ne
,, plaife que nôtre ignorance préjudicie à
,, une verité connuë par des preuves fi for-
,, tes & fi inconteftables. *Pofons ce princi-*
,, *pe avant que d'entrer dans la difcuffion des*
,, *difficultez fur cette matiere*........ Dans cet-
,, te recherche peut-être réüffira-t-on a
,, donner la folution veritable , peut-être
,, ny réüffira-t-on pas : Mais ce fuccez
,, ne doit rien changer au fond des fenti-
,, mens.
,,   C'eft un article de foy expreffément
,, défini par l'Eglife , que nous fommes

libres , & que pour meriter & demeriter "
dans l'état , où nous sommes , il ne suffit "
pas d'avoir une liberté de contrainte , "
mais qu'il faut encore une liberté & une "
exemption de neceſſité. Ce Dogme doit "
être embraſſé avec tant de fidelité , que "
rien ne ſoit capable ny de l'alterer, ny de "
l'affoiblir, & qu'on n'en faſſe pas dépen- "
dre la croïance des recherches & des ex- "
plications humaines, mais qu'on le tien- "
ne dans le ſens même de l'Egliſe. "

D'un autre côté la grace efficace eſt "
une verité clairement enſeignée par l'É- "
criture & par la Tradition; & la prémo- "
tion Phyſique eſt une ſuite de cette veri- "
té , qui eſt elle-même ſuffiſamment mar- "
quée dans les livres ſaints , dans ceux "
des Docteurs de l'Egliſe , & que la rai- "
ſon humaine demontre en pluſieurs ma- "
nieres. Il n'eſt donc pas à craindre , "
qu'entre la grace efficace & la liberté, il "
y ait plus qu'une oppoſition apparente : "
& comme la verité de ces deux points "
eſt conſtante , quand même l'on ne "
pourroit pas en decouvrir l'accord , on "
ne devroit pas croire qu'il en fût "
moins réel. "

Au reſte il faut remarquer que les rai- "
ſons , qu'on allégue contre la grace effi- "
cace & la prémotion Phyſique , ſont de "
nature à faire une impreſſion toute autre "

,, que les réponſes Thomiſtes. Ces raiſons
,, ſont des raiſons morales & vulgaires,
,, que l'on ſent en ſoy-même être vrayes
,, juſqu'à un certain point , mais qu'il eſt
,, aiſé de pouſſer trop loin , lors qu'on
,, n'approfondit pas aſſez les matieres. Ces
,, raiſons d'ailleurs ſe trouvent fortifiées
,, par les préjugez de l'enfance , par la cor-
,, ruption d'une nature , dont l'orgüeil &
,, l'amour de l'independance ſont les gran-
,, des playes. A ces objections les Thomiſ-
,, tes apportent des réponſes toutes Me-
,, taphyſiques, depoüillées par conſequent
,, de tout ce qui peut frapper le ſens , &
,, intereſſer l'homme charnel. Ces répon-
,, ſes ne trouvent point d'accez qu'auprès
,, de l'intellect pur , & n'ont d'autre reſ-
,, ſource que dans une verité ſeiche & abſ-
,, traite , &c.

REFLEXIONS

Sur ces paroles de l'Auteur.

L'on voit bien que ce Rheteur n'a certainement pas prétendu écrire pour des
gens , qui fuſſent un peu Theologiens &
inſtruits des matieres, dont il s'agit. Ce ne
ſeroit pas à ceux-là qu'il anroit pû ſe flatter de faire accroire *qu'on avoüe commune-
ment , que le Syſtême de la prémotion Phy-*

fique eſt celui de tous les Syſtêmes , qui ſe ſoû-
tient le mieux , & qui donne les idées les plus
diſtinctes , les plus nobles , & les plus ſuiviës.
Il faudroit n'avoir guéres d'uſage des Ecoles , n'avoir guéres lû les Auteurs , n'entendre guéres les termes , ny l'état de la
queſtion , pour donner dans ce panneau.

Ce ſeroit encore moins à des perſonnes
de ce caractere, qu'il auroit eſperé de perſuader ; *que le Syſtême de la prémotion Phy-*
ſique , eſt un Syſtême démontré dans toute l'e-
xactitude de la methode Géometrique ; enſor-
te qu'on puiſſe à bon droit , ſe diſpenſer d'en-
trer dans la diſcuſſion des objections , & tran-
cher court , comme on fait dans les Mathema-
tiques , en diſant , vos objections ſont fauſſes,
parce que mes demonſtrations ſont vrayes. Ce
qui eſt fort plaiſant , pour le dire en paſ-
ſant , c'eſt que cet eſprit Géometrique , aſſûre d'un côté que le Syſtême de la prémotion Phyſique donne les idées les plus *diſ-*
tinctes & les plus *ſuivies* , que ce Syſtême
eſt auſſi *demontré* que les parties des Mathematiques les mieux demontrées , &
avoüe cependant d'un autre côté , qu'il eſt
encore plus difficile de connoître l'accord
de la prémotion avec le libre arbitre , ce
qui fait le fond du Syſtême ; que de connoître au juſte le rapport mutuel du cercle & du quarré , ce qui ſeroit avoir trouvé la quadrature du cercle. Comment ac-

corder ces deux propofitions ; *le Syftême de la prémotion Physique eft demontré par des idées auffi diftinctes & auffi fuiviës , que ce qui eft le mieux demontré en Mathématique : & le Syftême de la prémotion Physique eft plus incomprehenfible à l'efprit humain, que la quadrature du Cerle?* Pour moy je fuis convaincu que les idées , qu'a l'Auteur de fa prémotion Physique font *diftinctes & fuiviës* , comme celles qu'il a touchant la quadrature du Cercle , dont il parle au même endroit en ces termes tout-à-fait remarquables. *Il eft aifé de connoître les dimenfions d'un quarré , & celles d'un cerle : Mais de déterminer la correfpondance & la proportion de l'un avec l'autre , C'eft à quoy nul efprit n'a encore pû atteindre.* Sur quoi voicy un commentaire fait par le Pere Malebranche dans
„ fes Réflexions , *page* 121. Certainement
„ ces paroles ne font point d'un Géome-
„ tre. Car ce à quoy nul efprit n'a encore
„ pû atteindre , eft de connoître exacte-
„ ment la dimenfion du cercle , ce que
„ l'Auteur dit qu'il eft aifé de connoître.
„ On auroit la quadrature du Cercle , ou
„ le rapport du cercle au quarré , fi l'on
„ avoit la dimenfion de l'un & de l'autre ;
„ & c'eft ce rapport , que les Géometres
„ n'ont pû encore démontrer. Ils n'ont
„ point non plus recherché de *correfpon-*
„ *dance ,* ny de *proportion* entre le Cercle &

le quarré : de *correspondance* ; car c'eſt un "
terme indefini , dont ils ne font pas mê- "
me d'uſage ; ny de *proportion* , car il faut "
au moins trois grandeurs pour faire une "
proportion. Ainſi l'Auteur du Traité de "
l'action de Dieu ne devroit aſſûrement "
pas affecter la maniere d'écrire des Géo- "
metres , elle ne convient , ny à ſa matie- "
re , ny à ſon ſtyle , on le voit aſſez ; ny "
même à ſa perſonne , les paroles , qu'on "
a citées en ſont la preuve. "

Enfin je douce encore bien fort que le
nouveau prédeterminant ait eu en vûë de
ſurprendre ceux , qui ſeroient tant ſoit
peu Thelogiens , quand il a affecté de
confondre les notions de *grace efficace* , &
de *prémotion Phyſique*. En ſubſtituant le premier de ces deux termes au ſecond ; en
conclüant que *la prémotion Phyſique eſt ſuf-*
fiſamment marquée dans les Livres ſaints , &
& dans ceux des Docteurs de l'Egliſe , parce que la grace efficace *eſt une verité clai-*
rement enſeignée par l'Ecriture & par la Tra-
dition. Il ne faut qu'avoir appris le Caté-
chiſme pour ſçavoir qu'il y a une difference infinie entre la grace efficace & la prémotion Phyſique. L'Égliſe a toûjours enſeigné , qu'il y avoit des graces efficaces ,
mais elle n'a point enſeigné que ces graces
fuſſent *efficaces par elles-mêmes & de leur*
nature ; qu'elles conſiſtaſſent dans une

prédetermination Physique. Calvin est le premier Auteur, que l'on sçache, de cette maniere de parler *gratia ex se efficax*; de même ny l'Ecriture, ny la Tradition ne nous permettent pas de douter que Dieu n'ait dans les Thrésors de sa misericorde des graces efficaces, par lesquelles il execute infalliblement les desseins de bonté, qu'il a sur ces Elûs; graces capables d'amolir les cœurs les plus durs, & de soûmettre les volontez, les plus rebelles: Mais ny l'Ecriture, ny la Tradition ne nous obligent à croire que ces graces efficaces soient des graces Physiquement prédeterminantes. Enfin il n'y a jamais eu & il n'y aura jamais de Theologien Catholique, qui n'ait reconnu, & qui ne reconnoisse des graces efficaces : mais il y en a toûjours eu, & il y en aura toûjours, qui ont crû & qui croiront devoir nier pour l'interêt de la verité, que ces graces soient efficaces par elles-mêmes, qu'elle prédeterminent Physiquement la volonté humaine. Le Dominicain Bannes est le premier qui se soit avisé d'introduire dans l'Ecole ce Systême de la prédetermination Physique. Systême, dont on ne trouvera nulle trace ny dans les Saints Peres, ny dans les Scholastiques plus anciens que Bannes, Systême si contraire à la doctrine de saint Augustin en particulier, que Jansenius lui-même dans

le second Chapitre du huitiéme livre de
son Ouvrage *de gratia Christi Salvatoris*,
aprés avoir rapporté jusqu'à sept differen-
ces essentielles entre le sentiment des prédeterminans , & celui de saint Augustin ;
conclud que l'opinion de la prédetermination Physique renverse de fond en comble
toute la doctrine du saint Docteur , *univer-
sam ejus doctrinam implacabili confusione per-
turbat.* Système , que quantité de sçavans
hommes , même d'entre les Dominicains ,
ont montré être fort éloigné des principes
de saint Thomas , sur l'autorité duquel on
prétend l'appuyer. Tous ces faits au reste
sont si notoires , que nul écrivain sensé ,
& tant soit peu jaloux de sa réputation
n'auroit la temerité d'avancer , ce qu'a-
vance en vingt endroits l'Auteur du Traité avec une hardiesse étonnante , sçavoir
que le Systême de la prémotion Physique
a toûjours été reçû dans toutes les parties
de l'Eglise d'un consentement presque
universel ; (*a*) que la tradition & les
écrits des saints Docteurs ont toûjours dé-
posé pour cette doctrine ; qu'avant la nais-
sance des dernieres disputes , qui durent
environ dépuis un siécle , le nombre de
ceux, qui tenoient pour la grace efficace par
elle-même , étoit incomparablement plus

a *Tom.* 1. *pag.* 6. *&c.*

grand que celui des Theologiens, qui ne la tenoient pas , &c.

Mais insensiblement je m'éloigne un peu , si non de mon sujet , au moins du dessein , que j'ay pris de m'attacher moins icy à ce qui regarde la prémotion Physique en general , qu'à montrer que le nouveau prédeterminant ne peut en tirer aucun avantage , pour faire passer son Système à la faveur de celui des Thomistes. Revenons donc.

Quand même il seroit vray ; que le Système de la prémotion Physique telle que l'enseignent ceux , que l'on nomme Thomistes , seroit de l'aveu de tout le monde celui , qui donne des idées plus distinctes, plus nobles , & plus suivies , comme l'assûre nôtre Auteur. Quand on lui accorderoit encore , que ce Système fût tresclairement établi par des démonstrations , aussi évidentes qu'il y en ait dans aucune partie des Mathematiques. Quand on conviendroit avec lui , que ce Système n'est pas moins bien fondé sur l'Ecriture & la Tradition , que la verité de la grace efficace. Pensera-t-il , ou devra-t-il du moins penser que son Système à lui , que sa prémotion Physique , ou plûtôt sa préeffection , qu'il lui plaît de nommer *prémotion*, en soit moins à couvert des censures , qu'il merite ? Croira-t-il pour cela avoir persuadé aux personnes de bon sens ; que tout le monde avoüe communément , que le Systême d'un Fanatique , qui prétend que chaque action de l'esprit est une substance veritable , que Dieu seul peut produire , parce qu'elle ne peut exister que par une creation semblable à celle , qui a fait passer les corps & les esprits du néant à l'estre ; est , premieremeut celui de tous les Systêmes qui donne les idées les plus distinctes , les plus nobles , & les plus suivies: est secondement un Systême aussi démontré que ce qu'il y a de plus évident dans les Mathématiques : est troisiémement un Systême clairement établi par l'Ecriture-Sainte , par la Tradition , par les livres de tous les Saints Peres & Docteurs de l'Eglise ? Quelle idée , Grand - Dieu ! un tel homme s'est-il fait du genre humain !

Malgré tout cela néanmoins l'Auteur déclare, que c'est un article de foy , que " nous sommes libres ; & que cette liberté " est dans l'état , où nous sommes , une " exemption de necessité ; il veut qu'on " tienne ce Dogme dans le sens de l'Egli- " se , & qu'on n'en fasse pas dépendre la " croïance, des recherches & des explica- " tions humaines. Que dire de cette décla- " ration après tout ce que l'on a vû des sentimens de celui , qui l'a fait ? Plaise à Dieu qu'elle soit sincere , & que le cœur l'ait dictée à la main qui l'a écrite ? Il sera à la verité , ce cœur , en contradiction avec son esprit : Mais quel plus grand bonheur peut-on lui souhaitter ?

Aprés le captieux préambule, que nous venons d'examiner, suivent les objections, que le nouveau prédeterminant fait faire contre son Système , comme si c'étoit le Système de la prémotion ordinaire ; & les réponses, qu'il emprunte des Thomistes , comme s'il combattroit avec eux , & pour eux.

V.

,, SI la grace , dit-on , (c'est nôtre Au-
,, teur , qui parle) étoit efficace par el-
,, le-même, l'homme à qui elle seroit don-
,, née, ne pourroit pas n'y point consentir.
,, Or si l'homme ne peut pas ne point con-
,, sentir à cette grace , il est visible qu'elle
,, ôte la liberté d'indifference. Donc , di-
,, ra-t-on si la grace est *efficace*, elle détruit
,, la liberté. Ce raisonnement est la gran-
,, de objection par laquelle on attaque la
,, *grace efficace* , & la prémotion Physi-
,, que.........
,, Je réponds , comme on a coûtume de
,, le faire , que l'homme dans l'instant
,, même que Dieu lui donne la prémo-
,, tion Physique , & la *grace efficace* , a le
pouvoir

pouvoir de n'y pas confentir. Car la "
prémotion Phyfique donne à la verité "
l'action ; elle fait que l'homme confent "
actuellement : mais elle n'ôte pas ce "
pouvoir réel & interieur , que l'homme "
porte dans le fond de fon eftre de confen- "
tir , ou de ne pas confentir. C'eft ce que "
les Thomiftes expriment , lors qu'ils ré- "
pondent à cette objection de la manie- "
re fuivante. L'homme qui a la *grace ef-* "
ficace & la prémotion , ne peut pas vou- "
loir ne pas agir. Ils diftinguent : il ne "
peut pas vouloir ne pas agir dans le fens "
compofé , ils l'avoüent ; dans le fens di- "
vifé , ils le nient. "

Ces termes Scholaftiques , & en ap- "
parence obfcurs , ont une fignification "
tres-claire & tres-précife , qui fe reduit "
à la réponfe , que nous venons d'appor- "
ter. L'homme qui a une grace efficace "
pour faire le bien, ne peut point vouloir "
faire le mal dans le fens compofé ; c'eft- "
à-dire , que fuppofé qu'il faffe le bien, "
on ne peut pas dire qu'en même-t mps "
il fera actuellement le mal , parce que "
ces deux actions incompatibles ne peu- "
vent fe trouver enfemble dans le même "
homme au même inftant. Cependant "
l'homme , qui a une grace efficace pour "
faire le bien , peut vouloir faire le mal "
dans le fens divifé ; parce que , quoyque "

H

„ l'homme ne puiſſe former tout à la fois
„ ces deux actes incompatibles , nean-
„ moins dans le tems même qu'il forme
„ un de ces actes , il conſerve la puiſſance
„ de former l'autre.

REFLEXIONS.

Si je n'avois affaire qu'à un Thomiſte, voici ce que je lui répondrois. Il eſt vrai que la liberté d'indifference ne demande point, qu'ayant la prémotion pour agir, je puiſſe ne pas agir dans le *ſens compoſé*, c'eſt à dire, en ce ſens , que le *non acte*, ou l'omiſſion de l'acte ſe trouvât joint avec la prémotion donnée pour l'acte. Je vous accorde donc volontiers qu'il ſuffiroit pour la liberté d'indifference , qu'avec la pré-motion pour agir , j'euſſe en même-tems un pouvoir veritable , réel , & prochain, de ne point agir dans *le ſens diviſé* , c'eſt à dire en ce ſens , qu'après avoir écarté de moi la prémotion à l'acte , je me détermi-naſſe à ne point agir , & à omettre l'acte, que cette prémotion , ſi elle eût ſubſiſté, m'auroit fait produire. Mais dites-moi, je vous prie , dépend-il de moi de faire ce *ſens diviſé*, ſouffrez cette expreſſion ? Ai-je un vrai pouvoir d'écarter , d'éloigner, de ſeparer de moi cette prémotion phyſique, afin que l'ayant ainſi écartée , je demeure

maître de ne pas faire l'acte , qu'elle m'auroit fait faire ?

Si vous me répondez , qu'il ne dépend
pas de moi de faire ce *sens divisé* , en écar-
tant la prémotion ; dès-là vôtre distinction
du *sens composé* , & du *sens divisé* , pour
souſtraire la liberté aux attaques , que lui
livre vôtre prémotion, devient une pitoyable défaite , qui ne peut servir qu'à faire
prendre le change à des eſprits , qui se laiſ-
ſent éblouïr par des mots , qu'ils n'entendent pas.   Car alors cette propoſition ;
Avec la prémotion phyſique pour agir , j'ai la
puiſſance de ne pas agir dans le sens diviſé,
ne ſignifiera dans vôtre bouche rien autre
choſe , ſinon : Quand j'ai la prémotion
phyſique pour agir , j'ai neanmoins une
puiſſance en vertu de laquelle je pourrois
ne pas agir , ſi je me trouvois dans un autre
état , ou je n'euſſe point une telle prémotion ; Mais comme il ne dépend pas de
moi de me trouver dans cet autre état , ni
de me délivrer de cette prémotion phyſique , que j'ai ; je ne puis pas non plus
faire aucun uſage de cette puiſſance , c'eſt
une *puiſſance* , que je ne *puis* exercer. Or
penſez vous qu'une puiſſance , qu'on ne
peut pas dans l'état préſent, ou l'on eſt,
réduire à l'acte , dont on ne peut faire aucun uſage , doive , ou puiſſe s'appeller un

pouvoir véritable, réel, & prochain, tel que l'exige la liberté d'indifference ?

Cependant, continuerois-je avec un Thomiste, vous ne pouvez pas dans vos principes me donner une autre réponse. Vous ne pouvez pas dire qu'il dépande de moi de faire le *sens divisé*, & d'écarter la prémotion : Car cela ne pourroit m'être possible, qu'en l'une de ces deux manieres ; ou bien parce que je serois maître d'empêcher que telle, ou telle prémotion ne me fût donnée ; ou bien parce que il ne tiendroit qu'à moi de la rejetter & de l'éloigner, après qu'elle m'auroit été donnée, avant qu'elle eût eu son éfet. Or vous ne sçauriez admettre ni l'une ni l'autre de ces maniéres : ni la premiere ; puisque vôtre prémotion est antecédante à toute détermination de ma volonté, & qu'elle m'est donnée indépendemment de moi ; c'est ce qui la constituë *prémotion*. Ni la seconde puisque selon vous il y auroit contradiction, qu'une prémotion donnée fût frustrée de son éfet, avec lequel elle a une connexion essentielle ; c'est ce qui rend *physique* cette prémotion.

Par consequent lors que vous me dites, que vôtre prémotion physique ne préjudicie point à ma liberté, parce qu'avec cette prémotion, je conserve la puissance de ne pas agir dans le *sens divisé* : C'est comme si vous me difiez , que de groffes cordes avec lefquelles on a fi forcement lié un crimi-nel à un arbre , qu'il ne puiffe faire le moindre mouvement , ne lui ôtent pour-tant pas la liberté de fe fauver des mains des Archers , parce qu'il conferve la puif-fance de courir dans le *fens divifé* , c'eft à dire , fuppofé que ces cordes ne le liaffent point, & fuffent jettées à cent pas de lui.

Quand donc vous faites cette propofi-tion , qui eft vôtre unique défenfe ; *Il fuf-fit pour la liberté d'indifference , qu'avec la prémotion à un certain acte , l'on conferve la puiffance de faire l'acte oppofé dans le fens divifé* ; je répons en diftinguant de cette forte : fi en même-tems l'on peut faire ce fens divifé ; je l'accorde: Si en même-tems il eft impoffible de faire ce fens divifé ; je le nie. Or on ne peut pas , felon vous, faire ce fens divifé. Ainfi , Selon vous, cette puiffance de faire un certain acte, que je conferve avec la prémotion à un acte oppofé , reffemble parfaitement à la puiffance de courir , que conferve un homme qui a des entraves aux pieds. Exhortez , je vous prie , cet homme à courir bien fort , en lui remontrant élo-quemment que fes entraves lui laiffent la puiffance de courir , puis qu'elles ne lui ont pas caffé les deux jambes. Prouvez lui que cette puiffance de courir eft fi réelle,

H iij

que dans le *sens divisé*, c'est à dire supposé qu'il se fût délivré de ses entraves, ou qu'elles fussent au pied d'un autre, il ne tiendroit qu'à lui de courrir effectivement à toutes jambes. Ce malheureux sans doute croira que vous insultez à sa misere, il vous repartira avec indignation que tout cela seroit bon, si en même tems il étoit dans son pouvoir de faire ce que vous appellez *sens divisé*, & d'écarter ses entraves : Mais que n'ayant point ce pouvoir, il lui sert auffi peu pour courir actuellement d'avoir de bonnes jambes, que s'il n'en avoit point.

Si nôtre Auteur n'étoit au fond qu'un Thomiste, comme il voudroît bien qu'on le crût ; je le laisserois continuer son exhortation au prisonnier chargé d'entraves, pour passer à autre chose. Mais ce nouveau prédéterminant, ou plûtôt ce nouveau *prééffectionnaire* ; car il me semble que c'est là proprement le nom, qu'il faut lui donner pour bien marquer ce qu'il est : ainsi je demande grace pour ce mot, que je forme de *prééeffection*, comme on a formé celui de *visionnaire* de *vision*, la comparaison est d'ailleurs tres-favorable. Ce nouveau prééffectionnaire, dis-je, si l'on veut bien me permettre ce terme, ne s'embarasseroit pas, comme le simple Thomiste, de la réponse qu'on vient de don-

ner à la diſtinction du *ſens compoſé* , & du
ſens diviſé. Car dans les Chapitres , qui
ſuivent celui que nous examinons il avoüe
ſans façon , ce que je ne crois pas qu'a-
voüàt un Thomiſte Catholique ; ſçavoir
que cette puiſſance de faire le contraire,
que nous laiſſe la prémotion phyſique , eſt
telle , qu'il y auroit abſurdité & contradiction qu'elle fût reduite en acte : (*a*)
Or on conçoit quelle eſpece de puiſſance
eſt celle , qui ne ſçauroit être reduite à
l'acte ſans abſurdité & contradiction , c'eſt
juſtement celle qu'a de courrir avec ſes
entraves le priſonnier dont nous parlions
tout à l'heure. (*b*) Il déclare avec une
égale franchiſe , & prouve même dans un
chapitre fait exprès , que ce pouvoir de
former une détermination oppoſée à celle
que la prémotion phyſique nous fait operer , eſt ſemblable au pouvoir de voir &
de lire un livre , qu'a un homme , qui eſt
ſans lumiere dans les tenebres , ou qui
ayant été bleſſé aux yeux les a couverts
d'un appareil : qu'il reſſemble encore au
pouvoir de porter du fruit , qu'a un arbre
qui n'eſt pas encore planté. Deux comparaiſons tout a fait juſtes & heureuſe , dont
on conclud. ,, Cela poſé , l'on conçoit
que l'homme , qui n'a aucune ſorte ``

a *Sect.*7. *ch.*3. *pag* 171.
b *Chap.*7. *pag* 193.

H iiij

,, de grace, ne laisse pas d'avoir en un sens
,, tres-veritable le pouvoir de faire le bien ;
,, car , c'est avoir le pouvoir de faire le
,, bien , que d'avoir la faculté propre à
,, faire le bien. Cette proposition est in-
,, contestable par tout ce que nous venons
,, de dire , (touchant l'arbre non planté,
,, & l'homme chargé de lire un livre dans
,, vingt-quatre heures avec ses yeux ban-
,, dez & couverts d'un appareil , ou dans
,, les tenebres & sans lumiere.) Or
,, l'homme , quoiqu'on le suppose dé-
,, pouillé de toutes sortes de graces , ne
,, laisse pas d'avoir la faculté propre à faire
,, le bien ; car cette faculté est la volonté
,, même. Donc l'homme , quand même
,, il n'a aucune grace (c'est à dire aucune
,, prémotion) ne laisse pas d'avoir un
,, pouvoir tres-veritable de faire le bien.

(*a*) Voilà, pour le dire en passant, en quel
sens l'Auteur tient la liberté , après avoir
dit , comme on l'a vû depuis peu ; que
c'étoit *un article de foi expressément défini
par l'Eglise : que ce Dogme devoit être em-
brassé avec tant de fidelité, que rien ne fût
capable de l'alterer , & qu'on le tint dans le
sens même de l'Eglise.* Quelle audace d'un
Novateur ! Quelle fourberie ! de vouloit
persuader à des ames simples , qu'on tient

a *ci-dessus n* 4.

la liberté dans le sens de l'Eglise catholique , lorsqu'on croit que l'homme est toûjours imperieusement dominé , & physiquement prédéterminé à agir , soit bien,
soit mal, par une operation étrangere, qui
ne lui laisse pas plus de pouvoir de se déterminer autrement , qu'en a de voir & de
lire , celui qui est sans lumiere dans d'é-
paisses tenebres , ou qui a les yeux bandez
& couverts d'un appareil ; qu'en a de produire des fruits, un arbre qui n'est pas même planté ? Belle idée de la liberté d'indifference requise pour mériter & démeriter ,
que la puissance d'une volonté captivée par
une prédétermination qui l'applique au
mal, sans que la moindre grace l'aide à faire
le bien, qu'elle ne peut operer toute seule ?
Idée de liberté bien conforme au sens & à
la foi de l'Eglise , qu'une faculté comme
enchaînée , laquelle tant qu'elle est dans
cet état ne peut produire rien d'opposé à ce
qu'on lui fait operer , & qui ne peut point
non plus se délivrer de cet état ? Le plaisant
pouvoir, qu'a un homme prémû au mal de
faire le bien, que celui dont il est impossible d'user , parce qu'il y a une absurdité
& une contradiction manifeste, qu'on en
use , & qu'on le reduise à l'acte ?

Mais je suis bien simple de parler serieusement ici de *pouvoir,* & de *puissance,* comme si le *prééffectionnaire* en admettoit. Non,

H v

non, il ne tient pas même que l'ame ait en aucun sens le pouvoir de se déterminer, ou d'agir d'une maniere opposée à sa *préeffection*, quelqu'éloigné, quelqu'impuissant qu'on imaginât ce pouvoir. La preuve en est courte & aisée, à quiconque n'a pas oublié tout ce qu'il a lû ci-devant. Pour que l'ame eût quelque pouvoir, que ce pût être d'agir autrement qu'elle n'est prédéterminée ; Il faudroit qu'elle pût, au moins en quelque sorte, créer de nouvelles substances dans le monde, & tirer des estres du pur néant ; Il faudroit qu'elle pût se donner ce qu'elle n'a pas, qu'elle pût produire ce qu'elle ne contient en aucune façon. Or il répugne à toute raison de penser que l'ame puisse créer de nouvelles substances dans le monde & tirer des estres du néant ; il est absurde de dire, qu'elle puisse se donner ce qu'elle n'a pas, & produire ce qu'elle ne contient en aucune sorte. Ces deux propositions sont celles de l'Auteur lui-même, comme on l'a vû cent fois dans les chapitres precedens de cette réfutation. Donc l'ame n'a aucun pouvoir quel qu'il puisse être, d'agir autrement qu'elle n'est prédéterminée.

Que dis-je encore, lors que je dis que l'ame prédéterminée n'a aucun pouvoir d'agir autrement qu'elle n'est *prédéterminée ?* Est-ce donc qu'on peut concevoir que Dieu

prédétermine l'ame à quoique ce soit,
quand il crée seul & immédiatement par
lui même un nouvel estre dans le monde,
tel qu'est selon le nouveau *préeffectionnaire*
une action de l'ame ? Dieu peut-il prédé-
terminer une créature à créer une substance, à produire ce qu'elle ne contient en aucune sorte, à faire ce qu'il répugne qu'elle
puisse faire ?

Concluons donc, que non-seulement
nôtre Auteur ne tâche de s'approprier la
distinction Thomistique du *sens composé*, &
du *sens divisé*, que pour insinuer l'heresie
d'une grace necessitante ; mais qu'il ne tient
pas même, comme le tiennent les heretiques les plus déclarez contre la liberté, que
l'ame ait aucune *puissance*, ni aucun *pouvoir*
d'agir, même dans le sens divisé ; bien loin
de tenir avec les Thomistes, ni *prémotion*, ni
puissance prédéterminée. Termes, que l'on
n'employe que pour imposer au public.

V I.

UNe autre difficulté, que le *préeffectionnaire* voudroit bien faire passer pour
comm une au systeme des Thomistes pré-
déterminans, & au sien ; c'est celle, qu'on
fait par rapport à la grace suffisante. Il est
difficile, dit-on à ces Thomistes, de concevoir dans vos principes, qu'il puisse y avoir

des graces veritablement suffisantes , que
la volonté humaine rende inutiles par sa
feule opiniâtreté , en refufant à ces graces
un confentement qu'il ne tient qu'à elle de
leur donner. Car enfin, d'un côté vous en-
feignez que l'homme ne peut agir, ni bien,
ni mal; s'il n'eft prédéterminé phyfiquement
à la bonne , ou à la mauvaife action : d'un
autre côté, vous foûtenez, que cette prédétermination phyfique , foit au bien, foit au
mal , ne peut pas être fruftrée de fon effet,
qui eft l'action même, bonne, ou mauvaife.
Or ces deux principes pofez , comment fe
pourroit-il faire, que lors qu'un homme eft
actuellement predéterminé au mal , à un
larcin, par exemple, cet homme eût en même-tems pour garder le commandement de
Dieu, qui deffend de voler, une grace à laquelle il ne tint qu'à lui de confentir, une
grace qui lui donnât un pouvoir véritable,
réel, & complet d'obéir à Dieu en s'abfte-
nant du larcin ? Cette grace feroit-elle, ou
ne feroit-elle pas une predétermination
phyfique ? Si c'étoit une predétermination
phyfique à refpecter l'ordre de Dieu , cet
homme s'abftiendroit tres-certainement du
larcin; ou plûtôt il commettroit & ne commettroit pas en même-tems ce larcin, puisqu'il auroit tout enfemble & une predétermination pour le commettre , & une predétermination pour ne le pas commettre ;

& que toute predétermination emporte son
effet suivant le second principe. Mais si cette
grace n'étoit pas une predétermination,
comme en effet elle ne pourroit pas en être
une , par la raison que nous venons d'en
donner , cet homme n'auroit pas en vertu
de cette grace, un pouvoir veritable, réel,
& complet, de garder le commandement,
& de s'abstenir du larcin; il ne pourroit pas
se déterminer à faire cette bonne œuvre,
suivant vôtre premier principe ; & par consequent cette grace ne seroit point veritablement suffisante. Donc il est difficile de
concevoir dans vos principes , qu'il puisse
y avoir des graces veritablement suffisantes.

A cela nos Thomistes predéterminans
répondroient differemment. Les uns auroient recours à des subtilitez sur le mot de
pouvoir , dont ils embroüilleroient tellement la signification naturelle , qu'on n'y
entendroit plus rien; les autres adouciroient
si fort leurs principes , qu'ils paroîtroient
les abandonner en partie. D'autres , sans
répondre directement , jetteroient à la tête
quantité de longs passages de l'Ecriture, des
Peres, de saint Thomas, après quoi ils croi-
roient avoir parfaitement satisfait. Aucuns
neanmoins , à ce que je crois , ne répondroient rien de fort précis , ni qui conten-
tât l'esprit ; sinon , que ; quoiqu'on en pût

dire, ils tiennent comme tout bon Catholique doit faire, une grace veritablement suffisante, laquelle donne un vrai pouvoir de faire le bien en mille occasions, ou on ne le fait pourtant pas.

Or voilà justement ce qui convenoit à un Auteur, qui aime à pêcher, comme l'on dit, en eau trouble. Cet embarras des vrais Thomistes, lui donnoit la plus belle occasion du monde, d'établir une erreur manifeste, en paroissant n'avoit en vûë que de montrer que la grace suffisante subsistoit avec la prémotion physique. (a) En effet le *préeffectionnaire* après avoir contrefait de son mieux pendant deux chapitres le langage diffus & obscur de ces scholastiques, aboutit enfin à prononcer, que la grace qu'on appelle suffisante ne vous donne qu'un pouvoir, qui n'est pas égal, ni proportionné à l'effet, qui n'est pas assez fort pour que nous puissions operer la bonne action ; un pouvoir, qui ne nous met pas plus en état de vaincre l'effort de la cupidité, qu'un homme qui n'a de force que pour remuer un poids de trois cens quatrevingt dix-neuf livres, est en état de remuer un poids de quatre cens livres ; un pouvoir, qui est par rapport à la cupidité, ce que seroit dans les méchaniques une

a *Sect.* 7. *chap.* 12. *&* 13.

puiſſance de vingt degrez de force à une
reſiſtance de trente degrez. Ecoutons-le un
moment s'expliquer lui-même ſur la qualité de ce pouvoir, que donne la grace ſuffiſante.

    Comment, dit-il, la grace ſuffiſante "
donne-t'elle le pouvoir, ſi elle ne donne "
pas l'action ? (a) Comment donne-t'elle "
tout ce qu'il faut pour pouvoir agir, ſi "
elle ne donne pas tout ce qu'il faut pour "
agir en effet ? Comment peut-on toû- "
jours agir avec cette grace, ſi l'on n'agit "
jamais ſans la grace efficace ? C'eſt la "
grande difficulté, qu'on fait ſur cette "
matiere, difficulté neanmoins, qui s'é- "
vanoüit à l'inſtant......... Toute cauſe a "
une puiſſance par rapport à ſon effet. "
Mais il y a puiſſance & puiſſance. Tan- "
tôt la puiſſance de la cauſe eſt égale à "
l'effet ; & tantôt elle eſt inégale, & n'eſt "
pas aſſez forte pour produire l'effet... "
cela eſt clair dans la partie des Mathema- "
tiques, qu'on nomme Statique, comme "
nous allons le montrer par un exemple. "
Soit un levier attaché en haut, ou une "
polie : d'un côté il y a un poids de quatre "
cens livres ; de l'autre côté j'applique une "
puiſſance, qui n'a la force de remüer que "
trois cens quatre-vingt-dix-neuf livres. Il "

    a *Chap. pag.* 215. 216. *&* 217.

,, eſt certain que cette puiſſance, par exem-
,, ple un homme qui tire , jamais ne re-
,, muera tout ſeul le poids de quatre cens
,, livres. Cependant cet homme tire de
,, toutes ces forces , il exerce ſa cauſalité,
,, pour ainſi parler , ſur cet effet. Tout ce
,, qu'on peut répondre, c'eſt que cet hom-
,, me n'a pouvoir , que ſur trois cens qua-
,, tre-vingt dix-neuf parties de ce poids, &
,, qu'il n'a pas un pouvoir ſur le poids tout
,, entier..... Mais une puiſſance de vingt
,, degrez ne ceſſe pas d'être puiſſance de
,, vingt degrez , c'eſt à dire , ne perd pas
,, ſes vingt degrez de force , quoiqu'un
,, poids augmente ou diminuë..... J'appli-
,, que ces principes à la grace ſuffiſante....
,, On ne peut douter qu'il n'y ait , par
,, exemple, un vrai rapport entre un mou-
,, vement de la grace de dix degrez , & un
,, de la concupiſcence de onze degrez , &
,, que ſi l'on ajoutoit deux degrez de plus
,, à celui de la grace , l'homme n'agît ef-
,, fectivement.

(*a*) ,, Quand on dit qu'avec la grace
,, ſuffiſante la creature a tout le pouvoir,
,, qu'elle peut avoir lors qu'elle n'agit pas
,, actuellement , il faut diſtinguer des ac-
,, tions de differens degrez , auſſi bien que
,, differens degrez de grace. Une inſpira-

a *Chap.* 13. *pag.* 221.

tion plus foible & d'un degré inferieur "
donne à la verité un pouvoir pour un "
amour plus fort , & d'un degré supe- "
rieur : une inspiration de trois degrez, "
donne un pouvoir pour un amour de dix "
degrez ; Mais ce pouvoir n'est pas tel, "
qu'avec cette inspiration l'homme ait "
tout le pouvoir , qu'il peut avoir pour "
cette action , lors qu'il ne la fait point. "
Une inspiration de quatre degrez , don- "
neroit plus de pouvoir, & cependant on "
ne feroit point encore une action de dix "
degrez , & de même une inspiration de "
cinq , de six , de sept, de huit degrez. "
Il n'y a qu'une inspiration de neuf de- "
grez , qui donne par rapport à cette ac- "
tion , tout le pouvoir, qu'il est possible "
d'avoir, lors qu'on ne la fait pas en effet. "
Ajoûtez à une inspiration de neuf dé- "
grez : Comme vous ne pouvez pas y "
ajoûter moins d'un degré , cette inspira- "
tion aura dix degrez , & alors la volonté "
ne manquera pas de faire l'action de dix "
degrez , dont il s'agit. "

R E F L E X I O N S.

L'on sçait à quelle école ce nouveau predéterminant a appris toute cette belle méchanique , qui fait de l'ame une espece
d'automate, dont tous les mouvemens dé-

pendent de l'action de deux poids contraires , qui tirent en des sens opposez & font
pancher la pagode tantôt à droite , tantôt
à gauche, selon que l'on augmente les forces de l'un ou de l'autre. Certainement ce
n'est point dans des écoles catholiques,
qu'on enseigne, que la grace & la cupidité
agissent sur la volonté de l'homme suivant
les regles de la statique : que la grace est à
la cupidité, par rapport aux déterminations
de la volonté , ce que la puissance est à la
resistance , par rapport au mouvement du
levier, ou de la poulie : qu'une grace, dont
l'attrait sera moins vif & moins sensible,
que l'attrait de la cupidité, ne sera pas plus
capable de vaincre cet attrait plus vif de la
cupidité , qu'une puissance qui tire avec la
force de dix livres , par exemple , sera en
état d'enlever avec une poulie, ou un levier
un poids de 20. ou 30. livres.

Mais je voudrois bien sçavoir , ou ce
plaisant Géometre a pris, que dans la statique , dont il fait ici mention fort mal à
propos , on ait jamais dit qu'une force de
dix livres, ait un vrai pouvoir de vaincre &
d'enlever une force de vingt livres ? Si cet
homme, que je ne sçai plus comment nommer , prétend qu'une grace d'un degré inferieur à la bonne action , ou plutôt au degré de la cupidité, qui s'oppose à cette bonne action , ne peut pas plus produire cette

bonne action ; qu'une puiſſance de trois
ou quatre degrez de force pour remuer un
poids , qui reſiſte comme dix : De quel
front oſe-t'il avancer , qu'une telle grace
ſoit veritablement ſuffiſante pour produire
la bonne action ? Du moins , s'il avoit eu
un peu de ſens , n'auroit-il pas dù chercher
à autoriſer une ſi étrange maniere de parler
par des exemples de méchanique , leſquels
ne peuvent ſervir qu'à faire ſentir le ridicule & le faux de ſon langage.

D'ailleurs , quel rapport au fond peuvent avoir toutes ces comparaiſons tirées
de la ſtatique , des poulies , & des leviers,
avec la veritable doctrine de nôtre *préeffectionnaire ?* Pour peu qu'on ſe rappelle ſes
principes , on conviendra qu'il ſe mocque
des lecteurs , lors qu'il employe les mots
de grace efficace, ou ſuffiſante , d'inſpira-
tion , de ſecours , de reſiſtance, de conſentement , &c. Il veut s'apprêter à rire aux
dépens de ceux , qui ſeront aſſez ſimples
pour s'imaginer, qu'il ſe fait effectivement
une affaire de la grace efficace & de la grace
ſuffiſante. Comme ſi ce pouvoit être là l'in-
quietude d'un homme , qui regarde tout
ce qui ſe nomme actions , ou modalitez de
l'ame , comme autant de ſubſtances réellement differentes,que Dieu crée par la ſeule
force de ſa volonté toute-puiſſante. Peut-
on appeller une grace efficace donnée à

l'homme, la creation d'une sainte substance, telle qu'est la bonne action, dans
l'ame de cet homme ? Peut-on dire que la
creation d'une autre substance moins parfaite, que celle-là, quoique sainte aussi,
telle qu'est une bonne inspitation, soit une
grace suffisante ? Conçoit-on que la substance moins parfaite de quelques degrez,
soit un *secours*, ou un *pouvoir* donné à
l'homme, pour créer l'autre substance plus
parfaite ? Comment l'ame pourroit-elle
consentir, ou resister à la creation d'une
substance, que Dieu veut créer ? Ce consentement lui-même, ou cette resistance,
seroient des substances créés ; Dieu donc
créeroit une substance, laquelle seroit formellement un consentement, ou une resistance à la création d'une autre substance ?
Que d'extravagances !

VII.

LA troisiéme objection, que l'Auteur se
propose, afin d'en prendre occasion de
marquer son zele à défendre la doctrine
des Thomistes predéterminans, & de se
les affectionner par les services qu'il fait
semblant de leur rendre : c'est que, si
Dieu prédétermine phisiquement les creatures raisonnables à toutes les actions, tant
bonnes que mauvaises, qu'elles font ; Il

s'ensuit que Dieu lui-même eſt l'Auteur de tous les pechez, qui ſe commettent. A quoi il répond de la maniere du monde la plus leſte & la plus cavaliere. Il faut l'entendre parler lui-même ; voici donc les paroles.

La prémotion phyſique, dit-on, fait "
Dieu Auteur du peché. Horribles con- "
ſequences ! Qu'elles ſoient vrayes, c'eſt "
toute la queſtion. "

1°. On a montré dans la ſection (a) "
ſixiéme que la matiere n'étoit point ſuſ- "
ceptible de défaut comme l'eſprit. Cette "
verité peut ſervir à ſapper par le fonde- "
ment toutes les mauvaiſes objections "
qu'on pourroit former par comparaiſon "
de l'une à l'autre. "

2°. Dans l'Etat de nature tombée, il "
y a des mouvemens indifferens indélibe- "
rez, & lors qu'il s'en éleve de mauvais, "
& qu'actuellement ils ſe trouvent, ou "
ſeuls, ou les plus forts, quoique nous "
puiſſions toûjours y reſiſter ; pour lors "
nous n'y reſiſtons point, & nous ne man- "
quons point de pecher ; comme on l'a "
expliqué dans la ſection cinquiéme. Or "
à l'égard de ces mouvemens, lors qu'ils "
s'élevent en nous, Dieu n'y opere qu'en "
qualité de cauſe univerſelle, qui prête le "

a *Sect. 7. p. 1. ch. 17. pag. 149.*

,, secours necessaire, à l'occasion soit de la
,, volonté du demon, soit du mouvement
,, du corps, soit enfin de nôtre volonté,
,, quoique dans ce dernier cas, il faille,
,, comme on l'a dit, remonter plus haut,
,, parce que dans l'état, ou nous vivons,
,, on trouve toûjours quelque mouvement,
,, qui a precedé la déliberation. Or quand
,, Dieu agit au nom des causes secondes,
,, on ne peut point lui imputer ce qu'il fait
,, à leur occasion.

,, 3°. Si l'on considere generalement
,, tout ce que Dieu opere, par rapport aux
,, pechez des hommes, soit de cet état ci,
,, soit de l'état d'innocence, ou il semble
,, que la difficulté paroisse encore dans un
,, plus grand jour, il est visible par tout
,, ce que nous avons dit qu'on ne peut
,, point les lui imputer. Car on ne pour-
,, roit les lui imputer que sous deux quali-
,, tez ou comme à celui qui exciteroit au
,, peché en tentant l'homme, ou comme
,, à celui, qui opereroit le mal. Or on a
,, montré dans la cinquiéme section, com-
,, ment Dieu ne nous tente point. On a
,, aussi montré comment il n'opere point
,, le mal, parce qu'il n'en est ni la cause
,, efficiente, ni la cause déficiente. Il n'en
,, est point la cause efficiente puisque le
,, formel du peché consiste dans la priva-
,, tion & le néant, & que Dieu ne produit

pas le neant ; mais ce qui reste d'être & "
de bien dans le peché , en un mot ce "
qu'on appelle le materiel. Il n'en est "
point la cause déficiente , puisque le dé- "
faut est dans la volonté même , & que la "
raison pour laquelle elle n'a pas ce qui "
remplaceroit ce défaut , n'est pas que "
Dieu ne le lui ait pas donné. "

Après ce discours , l'Auteur craignant qu'on s'arrête trop à réflechir là-dessus, juge à propos de jetter à l'écart l'esprit de son lecteur ; en se proposant deux ou trois question sur lesquelles ses réponses puissent paroître un peu plus plausibles à ceux, qui ne le regarderont que comme un simple Thomiste predéterminant, sans rien soup-çonner de plus. Ces questions sont , Premierement , si Dieu a pû créer Adam pecheur dès le premier instant? Secondement, d'où la bonne volonté a pû venir à l'hom-me ; ou plûtôt troisiémement , d'où lui a pû venit la mauvaise ? Questions, comme l'on voit , qui donnent beau champ à faire des raisonnemens à perte de vûë ; à citer pour soi des passages de saint Augustin, qui fassent croire qu'on ne pense que ce que ce Pere a enseigné , quoiqu'on en soit fort éloigné ; en un mot, à dire bien des choses capables de faire oublier , qu'on avoit mal répondu a la difficulté à laquelle on s'étoit proposé de répondre dans ce chapitre.

Quoiqu'il en soit, nous allons faire nos reflexions, tant sur la réponse faite à l'objection principale, sçavoir, *que la prémotion de nôtre préeffectionnaire rend Dieu auteur du peché;* Que sur ces questions incidentes, qui souffrent des difficultez particulieres par rapport à cette espece de prémotion, dont il s'agit dans le traité de l'action de Dieu.

REFLEXIONS.

Premierement que veut dire l'Auteur par ces paroles du premier article de sa ré„ ponse. On a montré que la matiere n'é„ toit point susceptible de défauts, com„ me l'esprit. Cette verite peut servir à „ sapper par le fondement toutes les mau„ vaises objections, qu'on pourroit for„ mer par comparaison de l'un à l'autre. Il est certain que la matiere n'est pas susceptible de défauts dans le genre moral, cela ne convient qu'aux estres intelligens & libres ; mais elle est susceptible de quantité de défauts dans le genre Physique, puisqu'elle est capable de mouvemens & d'arrangemens irreguliers, qui produisent une infinité de Monstres & d'intemperies dans les corps. La pensée de nôtre Docteur est-elle donc, que, quoyque Dieu soit autant l'unique cause efficiente de tout ce qui se

fait

fait dans l'ame, qu'il est, selon lui, (*a*) l'unique cause efficiente de tout ce qui se fait dans la matiere , on doive dire néanmoins que l'operation de Dieu par laquelle il crée dans l'ame un Acte mauvais, rend cette malheureuse ame coupable d'un défaut moral , qui lui puisse être imputé à démerite ; au lieu qu'un mouvement & un arrangement irrégulier des parties de la matiere ne peut être regardé , comme un crime punissable dans cette matiere? si quelqu'un lui faisoit ce raisonnement, dans vos principes on ne peut pas plus blâmer un homme d'être scelerat , qu'on pourroit blâmer un arbre d'être tortu ; ce n'est pas plus dans un homme un défaut moral , qu'on puisse lui imputer , de manquer à ses devoirs les plus essentiels, que c'est dans une plante un défaut moral de s'être seichée sans porter ny fleurs ny graine. Car si cet homme est scelerat & manque à ses devoirs les plus essentiels ; c'est que Dieu, si l'on vous en croit, a créé dans son ame des actions criminelles , & n'y a pas voulu créer des actions saintes : de même que si l'arbre est tortu, c'est que Dieu, qui produit le mouvement dans toutes les parties de la matiere , a déterminé les sucs de la terre & les a arrangez de maniere , qu'ils

a *S. Œt.* 1. *Ch.* 1.

I

fissent un arbre de cette figure; & si la plante a seiché, c'est que Dieu n'a pas fait mon-
ter dans ses fibres une abondance de sucs
propres à la nourrir & à la rendre féconde.
si dis-je on faisoit ce raisonnement à nôtre
nouveau prédeterminant, prétendroit-il
avoit bien répondu quand il auroit dit.
,, Il ne faut pas raisonner de l'esprit com-
,, me de la matiere ; car j'ai montré que la
,, matiere n'étoit point susceptible de dé-
,, faut, comme l'esprit ? seroit-ce là cette
fameuse réponse, qui lui serviroit à sapper par le fondement toutes les objections, qu'on pourroit former par comparaison de l'esprit avec la matiere ?

Secondement que veut encore dire l'Auteur dans le second article de sa réponse où
,, il enseigne, qu'à l'égard des mouvemens
,, indéliberez, qui s'élevent dans nous ;
,, lorsqu'ils sont mauvais, Dieu en qualité
,, de cause universelle y prête le secours né-
,, cessaire à l'occasion de la volonté du
,, Demon ? Il faut avoüer que cette expression fait une image assez bisarre, en nous re-
presentant Dieu determiné par le demon à
prêter à l'homme son secours pour un mauvais mouvement. Mais examinons encore
plus à fond le sens de ce beau discours.

On a vû dans le Chapitre précedent ce
que signifie dans le langage du Traité de
l'action de Dieu, le mot de *secours.* On y

appelle *secours de Dieu* , l'operation Physique par laquelle Dieu crée une substance ,
qu'on juge à propos de nommer , *action de
l'ame.* On a encore vû que le *mouvement le
plus délicat* , un souffle, pour ainsi dire , un
rayon de volonté , la plus petite détermination , en un mot tout ce qui n'est pas absolument *rien* , est un *estre* , qui s'éleve de
nouveau dans le monde , *une substance* , qui
sort du pur néant par la force infinie de
la Toute-Puissance de Dieu. Ainsi dire, que
Dieu à l'occasion de la volonté du Demon,
prête son secours aux mauvais mouvemens , qui s'élevent necessairement dans
nous ; c'est , chez nôtre Auteur , dire , que
le Demon par sa mauvaise & Diabolique
volonté détermine Dieu à créer en nous ,
malgré que nous en ayons , un estre qui
soit formellement & par sa nature un mauvais mouvement. Je dis , *en quelque sorte
malgré que nous en aïons* ; car quoyqu'il soit
unique , suivant la nouvelle doctrine, ce ne
seroit effectivement pas plus malgré nous
que Dieu créeroit en nous un mauvais estre , que ce seroit malgré un vase de quelque metail précieux , qu'on rempliroit ce
vase d'ordures : cependant , comme l'action de Dieu qui mettroit en nous ce mauvais estre seroit telle , si l'on croit le nouveau Docteur , que non seulement nôtre
ame n'y auroit nulle part ; mais même qu'il

ne feroit nullement en fon pouvoir de
l'empêcher, quand on la fuppoferoit pleine
de la plus horrible répugnance à recevoir
un fi funefte prefent ; j'ay crû que le terme
de *malgré nous* pouvoit fervir à faire concevoir le fond d'une opinion dont la bifarre-
rie met prefque à bout toutes les expref-
fions. J'avertis donc que c'eft dans ce fens
que je prens toûjours ce terme lorfque je
m'en fers en pareille occafion.

Or , ce qui eft remarquable ; ce mauvais mouvement, *s'il eft feul ou le plus fort* ,
déterminera encore Dieu à créer un autre
Acte de peché , une trahifon , une impure-
té, un blafphême, &c. Et cela fans que nôtre infortunée volonté puiffe empêcher
toutes ces malheureufes productions. Car
quand l'Auteur ajoûte que , quoyque nous
„ puiffions toûjours réfifter (à ces mouve-
„ mens indeliberez) nous n'y refiftons ce-
„ pendant point (lors qu'ils font feuls , ou
„ plus forts) & ne manquons point de pé-
„ cher : ce feroit bien eftre duppe que de
donner dans le piége, qu'il tend à fes Lecteurs par ces manieres de parler. Elles ne
fignifierent jamais dans fon Livre, que nous
euffions un vray pouvoir de nous abftenir
du peché, comme on vient de le démontrer
cy deffus *N. v. & N. vi.*

Dans la fection cinquiéme du Traité à laquelle on renvoie icy, comme fi on s'y étoit

bien expliqué fur le pouvoir de réfifter à
ces mouvemens , on n'y dit rien que ce
qu'on a dit depuis dans cette fection fep-
tiéme que nous examinons maintenant ,
(*a*) fçavoir que ce pouvoir eft de la nature de celui, qu'a un arbre qui n'eft pas planté , de porter du fruit ; de celui qu'a un
homme , qui eft fans lumiere & dans les
tenebres , ou qui a un appareil fur les yeux
à caufe d'une playe, qu'il y a reçûë, de voir
les objets & de lire un Livre , de celui qu'a
une force de dix degrez d'enlever avec une
poulie , ou un levier , un poids qui refifte
comme cent.

Il eft vray que dans cette fection le préeffectionnaire affecte de dire feulement ,
que dans la fuppofition d'un mauvais mouvement plus fort l'ame péchera *infailible-
ment* ; comme il dit icy qu'elle ne *manquera*
pas de pécher : au lieu que s'il parloit comme il penfe ; il diroit qu'elle péchera *nécef-
fairement.* Mais c'eft une de ces fourberies
groffieres , qui s'apperçoivent aifément,&
qui ne fçauroient avoir d'autre effet fur
des gens d'efprit , que d'éxciter leur indignation contre un homme , qui fe flate de
les tromper par de tels artifices. En effet
qu'on jette les yeux fur cette fection cinquiéme : voicy ce qu'on y lira Chapitre

a S*ect.* 7. *ch.* 7. 12. 13.

quatre Article second. (*a*) Il y a des mou-
„ vemens de la concupifcence , qui s'éle-
„ vant en nous malgré nôtre volonté, foit
„ à l'occafion des objets exterieurs, foit par
„ l'impreffion même du Demon , comme
„ nous le dirons dans la fuite , c'eft qu'il
vient de dire dans l'endroit fur lequel nous
„ fommes. Or fuppofé qu'il ne fe trouve
„ point dans l'ame un amour contraire ,
„ que Dieu donne à cette ame, ou que s'il
„ s'en trouve un , qui foit inférieur à celui
„ de la cupidité : dans cette fuppofition
„ qu'arrivera-t'il ? Il faudra dire de deux
„ chofes l'une, ou que cela pofé, il eft en-
„ core incertain fi l'ame commettra un pe-
„ ché , ou ne le commettra pas , en forte
„ qu'il foit également fans inconvenient
„ que l'un ou l'autre arrive : ou bien que ,
„ cela pofé , infailliblement elle commet-
„ mettra le peché. Des deux membres de
„ cette alternative nous avons montré la
„ verité du dernier dans la fection préce-
„ dente , & nous nous étendrons encore
„ pour montrer la fauffeté du premier
„ dans la derniere fection.

Un moment d'attention à ces paroles
fuffit pour achever de convaincre que le
prétendu pouvoir, qu'on dit que nous avons
de réfifter à un mauvais mouvement, n'eft

a *Sect.* 5. *ch.* 4. *pag.* 313. 314.

point un pouvoir veritable. Car si c'étoit
un pouvoir veritable , il seroit veritablement *incertain* avant que l'ame eût consenti
& succombé à ce mauvais mouvement , si
elle y consentiroit, ou non ; il n'y auroit
nul *inconvenient* qu'elle y resistat & n'y
consentit pas. Cependant on prononce
qu'il n'est point *incertain* si elle y consentira,parce qu'il est au contraire certain qu'elle y consentira , & si certain qu'il y auroit
un grand inconvenient à supposer qu'elle n'y consentît pas : mais encore quel seroit cet inconvenient ? on renvoye à la derniere section pour l'y apprendre : Or cette
derniere section nous déclare, comme nous
l'avons vû depuis peu , que cet inconvenient consiste en ce qu'il y auroit *contradic-*
tion & absurdité à dire que la volonté ré-
sistât à ce mouvement indeliberé & mauvais,(*a*)comme il y auroit contradiction &
absurdité à dire qu'un aveugle lût un livre;
qu'un arbre non planté apportât des fruits;
qu'un poids de dix livres emportat dans
une balance un autre poids de cent livres.
(*b*) Car la grace , (ce sont encore des "
propositions de la section cinquiéme) "
est relative à la concupiscence. C'est un "
principe indubitable en Métaphysique "

a *Sect.* 7. *ch.* 3. *pag.* 171.
b *Sect.* 5. *ch.* 4. *pag.* 317.

I iiij

,, aussi bien qu'en Mathématique , que ,
,, lors que deux forces sont en conflict l'u-
,, ne contre l'autre , celle qui l'emporte
,, doit être la plus forte. Pour remporter
,, la victoire le mouvement du bon amour,
,, doit être supérieur en forces. Cette vic-
,, toire suppose une force , qui soit relati-
,, vement superieure à celle du mouve-
,, ment de la cupidité. Si ce mouvement
,, a cinq degrez de force , un mouvement
,, du bon amour, qui n'en auroit que qua-
,, tre degrez , donneroit , à la verité , un
,, *pouvoir* , comme nous l'expliquerons
,, dans la suite ; mals il ne seroit pas suivi
,, de l'effet. Peut-on souhaitter rien de
plus précis pour faire entendre que ce prétendu *pouvoir* , dont nous avons vû l'ex-
plication , est justement tout semblable au
pouvoir qu'a dans la Méchanique une
moindre force de l'emporter sur une plus
grande , lors que ces deux forces sont en
conflict l'une contre l'autre ? Peut-on de plus
ne pas s'appercevoir du mauvais artifice de
cet homme , qui n'osant dire nettement ce
qu'il seroit pourtant bien fàché que certaines gens ne conçûssent pas en lisant son
Ouvrage , renvoye son Lecteur de la section quatriéme à la section cinquiéme , de
la section cinquiéme à la section septiéme.
Et quandd il est à cette septiéme & derniere section , le renvoye encore, en le faisant

retourner sur ses pas à la cinquiéme , & de la cinquiéme à la quatriéme. Car pourquoy ces circulations de renvois ? sinon afin de cacher par là , si l'on le peut, un Myftére d'erreur à certains yeux , dont on souhaiteroit qu'il ne fût pas apperçû ; ou du moins afin de tromper plusieurs, en leur insinüant tellement le poison, qu'à chaque endroit où ils le trouvent , ils aient dequoy se rasseurer un peu sur les scrupules , qui pourroient leur naître , en s'imaginant que ce qui ne leur paroît pas assez clair dans ce qu'ils lisent actuellement, est applani & demontré , soit devant, soit après dans d'autres endroits , qu'on leur indique ; mais encore d'une maniere si vague , & si generale , qu'ils aiment mieux en croire l'Auteur sur sa parole , que de se donner la peine de repasser toute une longue section , où ils ne pourroient trouver par rapport à ce qu'ils chercheroient que quelques lignes répanduës dans deux ou trois cent pages *in* 4°. & à deux colomnes , que contiennent ces sections ? Ce n'est point ainsi qu'on en use quand on enseigne la saine Doctrine de l'Eglise, Quand on combat serieusement l'erreur , quand on se rend sincerement témoignage qu'on ne cherche que la verité. Alors on se sert des termes propres , bien loin de rendre exprès les choses obscures & équi-

voques par le renverſement de la ſignifica-
tion la plus naturelle des mots : on ne
s'explique point de maniere qu'on ne puiſſe être bien entendu , qu'en rapprochant
cinq ou ſix endroits differens & fort éloi-
gnez les uns des autres.

Reprenons donc le ſecond article de la
réponſe du nouveau predéterminant à cette objection , *que ſa prémotion rend Dieu au-*
teur du peché. Voilà à quoi il ſe reduit , cet
article. Dieu à la verité produit dans nous
comme malgré nous un mauvais mouvement, lequel étant ſeul, ou plus fort qu'un
mouvement contraire de grace , nous en-
traîne auſſi neceſſairement au crime, qu'un
poids de cinquante livres étant ſeul dans le
baſſin d'une balance, ou n'ayant contre ſoi
que l'éfort d'un poids de dix livres dans
l'autre baſſin, fait neceſſairement trebucher
la balance : (a) C'eſt-là, dit-on, *un principe*
indubitable auſſi bien en Metaphiſique , qu'en
Mathematique. Neanmoins il ne faut pas
dire pour cela , que Dieu ſoit auteur du
peché par ce que Dieu ne produit ce mauvais mouvement que pour obéir en qualité
de cauſe generale à la volonté du demon,
qui l'oblige & le détermine à cette production. Cette réponſe n'eſt-elle pas tout
à fait ſatisfaiſante ?

a. *Voyez ci-deſſus.*

Mais dira l'Auteur , je n'ai pas apporté la feule volonté du demon pour la caufe occafionnelle , qui détermine Dieu à produire dans nous malgrez nous les mauvais mouvemens indéliberez ; j'ai encore apporté , les mouvemens du corps , & ceux de nôtre propre volonté , en avertiffant, que dans ce dernier cas il faut remonter " plus haut, parce que dans l'état, ou nous " vivons , on trouve toûjours quelque " mouvement qui a precedé la délibera- " tion. "

Mais , lui dirai-je auffi. Premierement cela ne remedie pas à l'abfurdité de vôtre réponfe par rapport aux pechez , dont le Demon eft , felon vous, la premiere caufe. Secondement vous ne juftifiez pas mieux Dieu d'être l'Auteur du peché , en le faifant déterminer à produire les mauvais mouvemens indéliberez à l'occafion des mouvemens méchaniques du corps , que quand vous les lui faites produire à l'occafion de la volonté du demon. Car ces mouvemens méchaniques , qui fe font dans le corps , s'y font neceffairement & malgré l'ame : c'eft même Dieu , qui les produit comme caufe immediate & particuliere ; Puifque felon vous c'eft lui feul , qui produit tout ce qui fe fait dans la matiere & dans les corps par le mouvement & les differentes déterminations du mouvement.

Troisiément , quant à ce que vous ajoûtez de la volonté propre ; C'est un Galimatias, ou vous ne vous entendez pas vous-même : Car il est évident , & vous en convenez assez ; Que la volonté ne peut-être à Dieu l'occasion de produire en elle un mouvement , que par quelque mouvement libre & deliberé , qu'elle se soit elle-même donnée : Or à l'égard des mouvemens indeliberez , qui *precedent la déliberation* , on ne peut point admettre pour leur cause des mouvemens interieurs , qui soient déliberez : Donc la volonté ne peut pas être la cause , qui détermine Dieu à produire en elle un mouvement indéliberé. Donc vous vous perdez dans des phrases inintelligibles, par lesquelles pourtant vous vous imaginez devoir imposer au public, parce que vous le prenez mal à propos , ce public pour un sot.

Troisiémement , venons au troisiéme article de la réponse. On y renvoye encore à la cinquiéme section , ou l'on a montré, dit-on : ,, comment Dieu ne nous tente ,, point en nous donnant la prémotion. Nous venons de voir ce qu'il en faut penser. Effectivement selon la cinquiéme section , aussi bien que selon celle-ci, qui est la derniere , on ne peut pas dire, à parler juste , que Dieu nous tente : Car nous tenter , ce seroit nous solliciter à faire une

action mauvaiſe , dont nous aurions le
pouvoir de nous abſtenir. Or Dieu ne nous
follicite point ainſi , & nous n'avons
point un tel pouvoir. Donc Dieu ne nous
tente point , comme on l'a montré dans
la cinquiéme ſection. Mais il produit &
crée dans nous , ſans nous & malgré nous
de mauvais mouvemens , leſquels nous
entraînent neceſſairement à des actions
encore plus mauvaiſes. Telle eſt cette prémotion , qui ne tente point les créatures
innocentes.

On a auſſi montré , ajoûte-t'on , que ＂
Dieu n'opere point le mal ; parce qu'il ＂
n'en eſt, ni la cauſe déficiente,ni la cauſe ＂
éficiente. Certes j'avoüe que dans le ſiſtê- ＂
me de la *Préeffection* , Dieu n'eſt point la
cauſe déficiente de nos pechez ; puis qu'il
les produit & crée par une operation Phyſique , & auſſi réelle que l'eſt celle par laquelle il a créé & conſervé le monde? Mais
par cette raiſon là même,il me ſemble qu'il
en eſt fort la cauſe efficiente ; comme je
l'ai auſſi montré , ſur tout dans le chapitre
troiſiéme. n. 11.

Quant à la raiſon qu'apporte ce mauvais Sophiſte , pourquoi Dieu n'eſt pas la
cauſe éficiente du peché ; ,, Puiſque, dit-il,
le formel du peché conſiſte dans la pri- ＂
vation & le neant , & que Dieu ne pro- ＂
duit pas le neant. Cette raiſon , ſi c'eſt ＂

serieusement , qu'on l'apporte , marque
bien de l'ignorance : Mais je suis persuadé,
qu'elle procede encore plus de mauvaise
foi. En éfet ce qu'on appelle le moral d'un
acte , soit bon , soit mauvais ; c'est le rapport , qu'a un acte libre à une loi , qui le
regarde. Si ce rapport , est un rapport de
conformité , cet acte est moralement bon :
si ce rapport, est un rapport de difformité,
cet acte est mauvais moralement. Ainsi la
malice morale , ou le moral d'un acte
mauvais , c'est le rapport de *difformité* , ou
simplement la *difformité* de cet acte à l'égard
de la loi qu'il viole. Maintenant on dispute
si ce rapport de difformité, qui certainement n'est pas un être phisique , se conçoit
neanmoins , comme quelque chose de positif , ou s'il ne se conçoit que comme la
simple privation du rapport de conformité
que devroit avoir cet acte avec la loi , afin
qu'il fût bon. Mais tout le monde avoüe,
que quelque parti, qu'on prenne dans cette
dispute , qui est d'assez peu de conséquen-
ce , il est necessaire de reconnoître, que ce
raport de *difformité,* que ce moral du peché
ne sçauroit sans absurdité être imputé à
une créature , à moins qu'elle n'ait produit , & produit librement par sa propre
détermination l'acte phisique , ou le *mate-*
riel du peché. On peut bien contribuer au
materiel d'un acte mauvais, sans être cou-

pable du formel , ou de la malice morale
de cet acte ; comme il arriveroit à un homme , qu'on forceroit d'enfoncer un poig-
nard dans le sein d'un autre , en lui pouf-
fant violemment & malgré lui le bras. Mais
on ne peut pas réciproquement être coupable du formel , ou de la malice morale
d'un acte mauvais , si l'on n'a produit le
physique & le materiel de cet acte. Par
consequent le nouveau predéterminant ne
donnant à l'ame aucune part libre dans la
production de ses actes ; comme on l'a démontré cent fois , & comme on vient encore de le voir , il n'y a qu'un moment ; il
ne peut pas non plus charger l'ame du formel , ou de la malice morale de ses actes
mauvais. Ce *préeffectionnaire* ne pouvant
pas même tenir dans ses principes que l'ame
contribuë le moins du monde à la production de ses actions criminelles ; Puisque
selon lui ce sont autant d'êtres , que Dieu
seul peut créer , & crée en éfet : Il est absurde qu'il rejette sur l'ame le formel & le
peché de ces actions criminelles. Si donc
il reconnoît veritablement des pechez &
des actions moralement mauvaises , il ne
peut assurément en imputer la malice qu'à
Dieu.

Mais le formel & la malice morale du
peché n'est qu'une privation , n'est qu'un
ne ant : Or Dieu ne produit point le neant ?

Je répons que la créature ne produit point non plus le neant : Ainsi si Dieu n'est pas l'Auteur du formel de l'acte mauvais par la raison que Dieu ne produit point le néant : Par la même raison , on ne pourra pas non plus l'imputer à la créature. En éfet le formel du peché , n'étant qu'un simple rapport de l'acte phisique & libre à la loi, qu'il contredit ; & ce rapport , soit qu'on le conçoive comme quelque chose de positif , ou comme quelque chose de négatif (ce qui ne fait rien à la question) n'étant au fond , & ne pouvant être produit qu'à raison de l'acte phisique, dont il resulte : Il s'ensuit que celui-là seul en est la vraye cause , qui est la cause éficiente & libre de l'acte phisique. Or encore une fois , dans les principes du traité , Dieu seul est la cause éficiente & libre de l'acte Phisique , qu'il crée dans l'ame. Donc Dieu seul peut-être censé la cause du formel & de la malice morale du peché.

Mais repliquera encore l'Auteur : ,, Le ,, défaut est dans la volonté même , & la ,, raison pour laquelle elle n'a pas ce qui ,, remplaceroit ce défaut, n'est pas que Dieu ,, ne le lui ait pas donné. Je répons encore ; en premier lieu qu'il est faux , comme on vient de le montrer, qu'il y ait dans la volonté créée aucun défaut moral, suivant les principes du Traité. En second lieu , qu'il est encore faux , que , supposé qu'il y eût dans la volonté du défaut , la raison n'en fût pas, que Dieu lui eût refusé ce qui remplaceroit ce défaut car ce qui remplaceroit ce défaut, ce seroit une bonne action contraire à la mauvaise : Or il ne dépend pas de la bonne volonté de se donner cette bonne action ; car elle n'est pas maîtresse d'avoir quand il lui plaît la prémotion phisique pour bien agir ; ou plûtôt elle n'a pas le pouvoir de créer cette bonne action : Dieu seul pourroit produire en elle un bon acte au lieu d'un mauvais, qu'il y produit : Donc si elle n'a pas ce bon acte , qui remplaceroit le défaut du peché ; c'est uniquement parce que Dieu ne le lui a pas donné, parce qu'il le lui a refusé.

On voit donc que le *préeffectionnaire* dans les trois articles de sa réponse se tire fort mal de l'objection prise de ce que Dieu, s'il predéterminoit phisiquement, seroit auteur du peché : Objection infiniment plus insoluble dans son sistéme, que dans celui des Thomistes predéterminans, qu'elle ne laisse pourtant pas d'embarasser fort. C'est pour cela, que, malgré l'air de confiance, dont il affectoit de regarder cette difficulté ; sentant pourtant le foible de sa défense, il a voulu faire promptement diversion , par les deux ou trois questions , dont nous avons parlé, & sur lesquelles j'ai promis une quatriéme reflexion. Je la puis faire presentement en peu de mots, supposé ce que j'ai montré dans les reflexions precedentes.

La premiere de ces questions est; ,, Si ,, Dieu n'auroit pas pû créer Adam pecheur ,, dès-le premier instant? Il me paroît certain qu'il l'a pû, selon tous les principes de la nouvelle doctrine. Car il n'y a pas plus d'inconvenient que Dieu produise & crée dans une ame, une action mauvaise dès le premier instant de sa durée, qu'au second, ou au troisiéme instant.

La seconde question est: ,, d'où la bon- ,, ne volonté a pû venir à l'homme? Ho! il est clair que tout homme, qui a cette bonne volonté, la tient en tout sens, & absolument de Dieu seul. Puis que dans le Systême de la préeffection, c'est Dieu seul, qui a créé non seulement la volonté même, prise comme faculté; mais encore tous les bons Actes de cette faculté. Si pourtant, comme nous avons remarqué ailleurs, on peut appeller *Acte de la volonté* des substances tirées immediatement du pur néant.

Mais d'où a pû venir la mauvaise volonté à un homme qui n'est pas né avec elle? C'est la troisiéme question, à laquelle la doctrine du Traité fournit une réponse

bien précise. Cette mauvaise volonté est
venuë à cet homme directement de Dieu :
c'est un fatal present, qu'il n'a pû recevoir
que de son Créateur. Puis que ce malheureux homme auparavant innocent , n'est
devenu pécheur , que parce qu'il a plû à
Dieu, je ne sçai pourquoi , de créer dans
son ame une abominable substance , qu'on
nomme peché.

VIII.

L'Auteur au reste semble s'être si bien
apperçû lui-même que ces affreuses
conséquences suivoient naturellement de
ses principes, qu'il a enfin perdu dans le
Chapitre dix huitiéme de sa derniere section cette contenance assûrée , qu'il avoit
tenuë dans le Chapitre précedent , que
nous venons d'examiner. Icy il donne pour
titre aux grands discours qu'il va faire *du
tort de l'homme.* (a) Par où l'on voit qu'il
trouve moyen de ramener adroitement la
même difficulté , sans néanmoins, qu'il
paroisse avoüer, qu'il n'y a pas encore bien
répondu , en la proposant sous d'autres
termes & comme une nouvelle objection.
Il commence ainsi. De toutes les objec- "
tions, que l'on forme contre la prémo- "

a *Sect* 7. *ch.* 18. *pag.* 254.

,, tion Physique, il n'en est point, qui frap-
,, pe davantage, que celle, qu'on tire du
,, Tort & de l'Injustice de l'homme, lors
,, qu'il péche. Quoy dit-on, comment
,, se peut-il faire que l'homme soit coupa-
,, ble, s'il n'a en lui-même que ce que
,, Dieu y a mis par une operation préde-
,, terminante ? .... Cette difficulté je
,, l'avoüe, me trouble & m'épouvante,
,, & il me semble que je succomberois
,, sous le poids, si je ne considerois, &c.

REFLEXION.

Le voilà donc nôtre prédeterminant
tout hardy qu'il est, épouvanté d'une difficulté, qu'il avoit d'abord fait semblant
de mépriser : c'est sans doute qu'en tâ-
chant d'y répondre, il a senti malgré lui
l'inutilité de ses efforts. Néanmoins il ne
propose pas encore cette épouvantable
objection dans toute sa force : Il nous la
represente seulement telle qu'elle se fait
contre les simples prédeterminans : au lieu
qu'en la formant contre lui, il faudroit dire. *Quoy donc, comment se peut-il faire que
l'homme soit coupable, s'il n'a en lui-même
que ce que Dieu y a mis independamment de
lui & malgré lui, par la création d'un mauvais estre, que Dieu seul a tiré & pû tirer du
néant pour l'unir à l'ame de cet homme ?* Mais

voïons ce qui rassûre le *Préeffectionnaire.*

„ C'est, dit-il , premierement que cet-
„ te objection attaque directement la doc-
„ trine celeste , qui nous est revelée dans
„ les saintes Écritures , & que saint Paul
„ nous rapporte en ces termes : *Vous me*
„ *direz peut-être aprés cela,* pourquoy Dieu
„ se plaint-il de celui , qui péche ? Car
„ qui est-ce qui resiste à sa volonté ?

Quel blasphême d'oser rendre saint Paul
complice de la plus extravagante impieté ,
que l'esprit de mensonge ait jamais inven-
tée en donnant aux paroles de l'Apôtre
un sens qui renverse tous les principes de
la Religion !

C'est, continuë-t-il, secondement que "
les deffenseurs du congruisme sont obli- "
gez d'essuyer une difficulté à peu prés "
semblable : Car , pourquoy, leur dira- "
t-on, Dieu punit-il l'homme , auquel il "
ne donne pas son concours, qu'un Acte "
deffectueux ? "

En verité s'imagine-t-il , que tous ceux
qui liront son Ouvrage seront assez ignorans pour ne pas sçavoir que ces Docteurs
Orthodoxes , qu'il designe icy par le nom
de *d ffenseurs du congruisme ,* enseignent suivant la doctrine de l'Eglise Catholique ;
que l'homme en péchant se rend coupable , & se met dans son Tort ; parce qu'il
se détermine lui-même , & de lui-même à

defobéir à Dieu, lors qu'il ne tiendroit qu'à lui de lui obéir ; parce que par fa feule opiniâtreté il refufe de fe fervir des moïens de falut que Dieu lui met pour ainfi dire, entre les mains, en l'exhortant & le pref- fant d'en bien ufer ; parce qu'il ne veut pas s'aider de la main fecourable, que Dieu lui tend, parce qu'il bouche fes oreilles à la voix de fon Seigneur, qui l'appelle ; parce qu'il dit à Dieu, non je ne veux pas obéir, lors que Dieu lui commande, & lui donne tous les fecours néceffaires pour accomplir le commandement.

,, C'eft, dit encore l'Auteur, troifiéme-
,, ment, que plus je paffe & je repaffe fur les
,, preuves de la prémotion Phyfique, plus
,, je les trouve folides, fortes, demonftra-
,, tives. Or ne feroit-ce point manquer de
,, fidelité envers la raifon fouveraine, qui
,, éclaire tous les efprits, & qui leur de-
,, mandera compte un jour de l'ufage,
,, qu'ils auront fait de fes lumieres ; que
,, de facrifier des preuves évidentes à des
,, difficultez obfcures ?..... Comme il eft
,, dans les Mathématiques des grandeurs
,, incommenfurables, il eft auffi des
,, veritez qui font incommenfurables par
,, rapport à nous ; parce que Dieu nous a
,, caché la mefure commune, qui nous en
,, découvriroit la proportion & le rap-
,, port, &c.

Je laiſſe aux perſonnes de bon ſens à juger de ces dernieres paroles. Chaque action de l'ame eſt un eſtre, une ſubſtance, que Dieu ſeul peut créer. Il répugne à toute raiſon que l'ame puiſſe ſe donner la moindre détermination; puis que cette détermination, quelque légere qu'on la ſuppoſât, ne fût-elle qu'un ſouffle, qu'un rayon de volonté, ſeroit toûjours un eſtre, qu'il faudroit tirer du néant par une puiſſance infinie, laquelle ne peut convenir à aucune creature. Donc il faut admettre une opération Phyſique & antecedente par laquelle Dieu crée dans l'ame toutes ſes actions & toutes ſes déterminations les plus délicates & les plus ſuſceptibles. Or cette operation de Dieu eſt ce que j'appelle une prémotion Phyſique. Donc il faut admettre la prémotion Phyſique. Voilà les étranges preuves, qui paroiſſent toûjours à nôtre Docteur plus ſolides, plus fortes, plus demonſtratives, à meſure qu'il paſſe & repaſſe plus ſouvent deſſus. Voilà les lumieres, qu'il ſe perſuade avoir reçûës immediatement de la raiſon ſouveraine, qui éclaire les eſprits. Voilà les démonſtrations évidentes, & qu'il ſe feroit un gros ſcrupule de ſacrifier à ces difficultez obſcures, qu'on a propoſé contre ſon Syſtême, telles que ſont celles-cy. Si Dieu ſeul crée en nous ſans que nous y ayons aucune part , toutes nos actions tant bonnes que mauvaises , comme on a vû que cela s'ensuivoit manifestement de tous les principes du Traité. Premierement l'ame n'est point active. Secondement, à plus forte raison elle n'est point libre. Troisiémement, elle ne mérite, ni démerite par aucune de ses actions. Quatriémement. Dieu doit être censé l'unique & veritable Auteur du peché , &c.

Mais que dirons nous du galimatias Mathématique , dont le Géometre prédeterminant réleve & enlumine sa pensée. Comme il est des grandeurs incommensura-
,, bles ; il est aussi des veritez , qui sont
,, incommensurables par rapport à nous ,
,, parce que Dieu nous a caché la mesure
,, commune , qui nous en découvriroit la
,, proportion & le rapport. Ho la belle phrase , si elle signifioit quelque chose ! Sont-ce les veritez des objections, qui sont incommensurables avec l'esprit de l'Auteur ? Pourquoy donc entreprend-il d'y répondre ? sont-ce les veritez des principes & des conclusions de son Traité , qui n'ont aucune mesure ny avec son intelligence , ny entre-elles ? Comment donc croit-il en avoir demontré Géometriquement & la solidité , & la liaison ? Sont-ce enfin les veritez des objections , & les veritez des principes qui sont incommensu-

rables

rables les unes aux autres ; non pas abfolument , mais feulement *par rapport à nous;*
parce que Dieu nous a caché la mefure "
commune, qui nous en découvriroit la "
proportion ? Il paroit par tout l'endroit "
du Livre, que c'eft-là ce qu'il a voulu dire.
Ce font donc de l'aveu de l'Auteur des
veritez ; que l'ame n'a nulle activité;qu'elle n'a nulle liberté ; que Dieu eft le feul
Auteur du peché, que l'homme en péchant
n'a aucun tort , &c. Et ce font aufli des
veritez , que l'ame agit ; qu'elle eft libre ;
que Dieu n'eft point Auteur du peché ;
que l'homme feul a tort , quand il péche.
Mais nous ne voïons pas l'accord & la
proportion de ces veritez : non fans doute.
Parce que dit l'Auteur , Dieu nous a caché
la commune mefure , qui nous découvriroit cette *proportion.* Je ne crains point
d'affûrer que Dieu ne peut point nous
montrer une telle mefure , & qu'il ne la
voit certainement pas lui-même.

Quoique le Préeffectionnaire fe trouve
merveilleufement rafluré par ces trois belles confiderations , que nous venons de
rapporter avec une petite glofe fur chacune ; cependant, comme il eft fort en rai-
fonnement , il effaye de raifonner encore
fur la difficulté propofée ; fçavoir , ou eft
le tort de l'homme pecheur ? (*a*) & cela,

a *Sect.* 7. *ch.* 18. *pag.* 255. *&c.*

K

dit-il : ,, dans le deſſein, non pas d'en de-
,, mêler tous les détours , mais au moins
,, d'en rompre l'éfort, & de me perſuader
,, que ſi je ne puis ſonder les profondeurs
,, des voyes dans leſquelles je marche , au
,, moins je puis y marcher en ſureté , ſans
,, craindre les égaremens & les précipi-
,, ces.

Après ce préambule il donne carriere à
ſon imagination , & ſe répend en déclamations vagues, que je me diſpenſe d'éxa-
miner en détail , pour trois raiſons. Premierement , parce que ces nouveaux diſ-
cours ſur une difficulté , dont il a déja fait
en vain tous ſes éforts pour ſe demêler, ne
ſont pour la plûpart que des redites, ou des
amplifications de ce qui a été dit & refuté
ci-devant. Ou, ſecondement, s'il s'y rencontre quelque choſe , qui puiſſe paroître
une nouvelle raiſon alleguée par l'Auteur;
il eſt ſi aiſé d'en remarquer le foible & le
faux , que ce ſeroit perdre le tems, & peut-
être même prendre le change , que de ſui-
vre dans tous ſes tours & détours un homme , qui paroît avoir voulu embroüiller
exprès les matieres qu'il traite, par un amas
confus de reflexions alambiquées , de rai-
ſonnemens étrangers au ſujet , de comparaiſons peu juſtes , de détails de morale qui
portent ſur rien , d'autoritez mal entenduës. Ce ſtile eſt tout propre à impoſer à

certaines perſonnes pour qui l'on écrit ; &
à en fatiguer d'autres pour qui l'on n'écrit
pas. Troiſiémement enfin , c'eſt que quand
on eſt au fait des veritables principes du
faux Thomiſte, comme je crois y avoir mis
par tout ce que j'ai dit juſqu'ici ; On eſt en
état d'appercevoir par ſoi-même la vanité,
& l'artifice de ſes paroles. On ſçait ce qu'on
doit penſer des proteſtations , qu'il fait de
tems en tems , de reconnoître dans l'homme *la liberté non-ſeulement de contrainte, mais
de neceſſité.* On ſçait ce que peuvent ſigni-
fier dans le traité les termes, d'*agir*, d'*operer*,
de *deliberer*, de *conſentir*, de *vouloir*, d'*aimer*,
d'*indifference* , de *conſcience* , &c. toutes les
fois qu'on les applique à l'homme ; ou plûtôt on ſçait qu'ils ne ſignifient rien. En un
mot on ſçait que tout ce qui ſeroit plauſible
dans la bouche d'un Thomiſte Catholique ;
n'eſt dans celle du Préeffectionnaire qu'un
langage faux.

I X.

JE paſſe donc au chapitre dix-neuf de la
même ſection ſeptiéme ou l'on dit dans
le titre : ,, qu'on répond à quelques objections *vulgaires.* (*a*) Or voyons quelles ſont "
ces objections vulgaires ; & ſi les réponſes,

a *Sect.*7. *chap.*19. *pag.*266. *&c*

qu'on y donne sont si claires & si solides, qu'on ait eu quelque droit de mépriser de telles objections, comme on semble le faire ici ? Mais tâchons de faire ce dernier examen le plus briévement, qu'il sera possible.

La premiere de ces objections vulgaires est, *que ce seroit une injustice criante dans Dieu, & une conduite tout à fait barbare, de faire souffrir des tourmens éternels à une pauvre créature, dont tout le prétendu crime seroit, que Dieu lui-même auroit pris un cruel plaisir à créer dans elle, sans qu'elle y eût, sans quelle pût même y avoir la moindre part, des actions abominables des pechez affreux.*

Car c'est ainsi qu'elle doit être proposée cette petite objection vulgaire : & non pas comme l'Auteur l'a insinuée, en disant seulement : ,, qu'il est admirable qu'on ,, prétende, que ce seroit une conduite ,, inhumaine & indigne de la justice de ,, Dieu de faire souffrir des peines à une ,, créature, qui mettroit un peché avec la ,, prémotion. Cette maniere d'exposer la dificulté ne peut regarder que les veritables Thomistes, qui croyent sincerement que l'homme agit avec la prémotion, qu'il agit librement, qu'il peut d'un pouvoir veritable resister à la prémotion, qu'il ne tient qu'à lui de s'abstenir du peché, la grace ne lui manquant jamais au besoin.

Il est vrai que ces Thomistes ne s'expliquent pas nettement ni heureusement sur l'accord de ces veritez catholiques avec leurs principes ; Mais n'importe , ils les croyent ces veritez : Au lieu que les vrais sentimens du Préeffectionnaire y sont tous contraires.

Aussi répond-il d'une maniere que nul Thomiste orthodoxe n'adopteroit. D'abord il apporte pour toute solution une fade plaisanterie sur l'opinion des Philosophes, qui croyent que les animaux sentent, & ne sont pas de pures machines. ,, Ce qui est admirable , dit-il , d'un ton railleur, " c'est que ceux (qui font cette objection) " ne trouvent aucune dificulté à ce que " Dieu en fasse soufrir actuellement, (des " peines) de toute espece à des millions de " créatures innocentes, & qui ne font que " de sortir de ses mains. Les nouveaux " Philosophes ont beau representer que si " Dieu imprimoit des sentimens doulou- " reux à cette multitude innombrable d'a- " nimaux , qui remplissent l'Univers , il " les tourmenteroit en pure perte ; qu'il " faut donc leur accorder à tous une am- " niftie generale ; & que pour les exemp- " ter de douleur, on doit les exempter aussi " de sentiment : une telle clemence n'est " pas du goût de ceux , qui prétendent " combattre la prémotion par la raison de "

,, la justice de Dieu , & ils aiment mieux
,, se rendre aux marques apparentes de
,, sentiment qu'ils apperçoivent dans les
,, animaux , qu'aux motifs les plus tendres
,, de cette Philosophie.

Mais ce mauvais plaisant a-t'il fait reflexion que ce beau morceau , dont il s'applaudit , se tourne necessairement contre lui, & prouve qu'il ne rougit pas d'admettre dans Dieu une injustice & une cruauté par rapport aux hommes, qu'il auroit honte d'y admettre à l'égard des bêtes ? Car pour peu qu'on fasse d'attention à cet impertinent discours ; on y conçoit deux choses. La premiere ; que l'Auteur s'étonne que certains Philosophes, qui croyent que les bêtes toutes innocentes qu'elles sont, souffrent neanmoins de la douleur , ayent de la peine à concevoir que des hommes soient tourmentez éternellement pour des pechez , que Dieu leur a fait faire par une invincible prémotion phisique , ou plûtôt que Dieu à créé dans eux sans qu'ils y eussent aucune part. La seconde ; Que lui neanmoins qui veut se donner pour nouveau Philosophe , est bien éloigné de penser comme font ces Anciens sur des marques purement apparentes , que les bêtes ayent du sentiment ; parce qu'il ne peut croire que Dieu tourmente à pure perte cette multitude innombrable de créatures innocentes. D'où il resulte que ce Docteur convient d'un côté ; qu'effectivement les hommes, que Dieu tourmente en enfer ne meritent pas plus les peines qu'ils endurent, que les bêtes, supposé qu'elles eussent du sentiment, meriteroient les douleurs qu'elles ressentiroient quelques fois : & que d'un autre côté il ne peut pourtant pas à l'égard des bêtes se resoudre à croire qu'elles souffrent ainsi sans avoir pû meriter de souffrir ; Il aime mieux leur accorder une *amnistie generale* en les exemptant de sentiment, que d'imputer à Dieu une telle injustice. Qui le croiroit, que dans le cœur du prédeterminant si dur pour les hommes, il y eût tant de tendresse pour les bêtes ?

Nôtre Auteur fortifie cette judicieuse réponse d'un grand lieu commun sur l'état de pure nature, dont il ne paroît pas faire grand cas : Mais ou il prétend que ses adversaires, qui le tiennent possible comme le doit tenir tout catholique, reconnoissent que dans cet état les hommes, quoique exemts de peché, seroient cependant sujets aux douleurs que nous souffrons dans cette vie. Ce qui lui suffit pour qu'il croye pouvoir en conclure que personne ne doit trouver mauvais, que Dieu puisse aussi tourmenter éternellement des hommes, qu'il aura rendu pecheurs malgré eux.

Tous ces raisonnemens sont si pitoyables qu'ils ne méritent pas d'être refutez autrement que par leur exposition. Il seroit inutile de dire ici, ce que chacun sçait assez pour peu qu'il soit instruit de ces matieres ; sçavoir qu'à la verité dans l'état de pure nature les hommes seroient sujets aux infirmitez & aux douleurs, qui sont des suites necessaires & des appanages inséparables de la nature humaine : Mais que ces maux, que Dieu ne seroit pas obligé d'empêcher par des miracles, ne seroient point des peines décernées contre des coupables à intention de les punir ; que ce seroient au contraire des moyens salutaires d'acquerir de grands merites & d'excellentes vertus, dont la récompense dédommageroit abondamment ceux qui les auroient endurez. Caracteres, qui ne conviennent point aux tourmens, que Dieu feroit souffrir à de malheureux damnez, pour punir des crimes, qu'il leur auroit fait commettre, ou même qu'il auroit mis en eux malgré eux.

La Seconde objection vulgaire, que l'Auteur examine, c'est, la dificulté, que l'on forme contre la prédestination. (*a*) Dificulté, qu'il rapporte en ces termes. „ Qu'on fasse tout ce qu'on voudra, dit-

a *Sect.* 7. *chap.* 19. *pag.* 268 &*c.*

on, ceux qui sont predestinez seront sau- "
vez, & les autres ne le seront pas. Il n'y "
a donc qu'à s'abandonner hardiment à "
ses passions. Si je suis prédestiné infailli- "
blement je serai sauvé. Celui qui m'a "
prédestiné sçaura bien me convertir par "
une operation efficace & prédetermi- "
nante , & par le moyen de cette opera- "
tion tourner mon cœur comme il lui "
plaira,& quand il lui plaira.En suite il ré- "
pond; que ce raisonnement impie se peut "
faire également, soit qu'on admette une "
grace efficace par elle-même , soit qu'on "
admette une grace congruë.Après quoi il "
le refute au long de la maniere dont on a
coutume de le refuter & que nul homme de
bon sens ne peut ignorer. ,, La contradiction,dit-il, de ces raisonnemens n'est pas "
difficile à demêler. Il faut avoüer que nul "
ne perira de ceux que J.C. a reçûs de son "
pere, & qui sont prédestinez en lui avant "
le commencement du monde ; personne "
ne les arrachera de ses mains,assurément. "
Mais n'ajoûtez pas , quoiqu'ils fassent ; "
comme si Dieu devoit les sauver , quoi- "
qu'ils fissent. Certainement il n'y aura "
de salut, en fait d'adultes, que pour ceux, "
qui auront observé la loi de Dieu ; sa pa- "
role y est expresse,& c'est une condition, "
qu'il a renfermé dans sa prédestination... "
Dieu nous prédestine , & régle tous les "

K v

„ évenemens ; Mais ce n'eſt point ſans y
„ enfermer ce que nous ferons, ce que nous
„ voudrons, ce que nous choiſirons......
„ De nôtre côté donc agiſſons, voulons,
„ déterminons-nous au bien, ſi nous pré-
„ tendons au ſalut, &c.

Je me trompe fort ſi tout lecteur un
peu attentif n'a pas déja fait les reflexions,
que je puis faire ſur ces textes, tant elles
ſe préſentent naturellement à l'eſprit. On
voit manifeſtement que le pauvre prédeterminant, pour combattre les raiſonne-
mens inſenſez des impies ſur la prédeſtination ; eſt obligé d'emprunter les armes de
ſes propres adverſaires, & de parler leur
langage tout contradictoire qu'il eſt à tous
ſes principes. Car quand un libertin rai-
ſonne par rapport à la prédeſtination de la
maniére qu'on a expoſée dans l'objection?
Qui eſt-ce, qui eſt en droit de lui remon-
trer ; que, quoique Dieu de toute éternité
ait prévû toutes choſes, reglé tous les évenemens, & prédeſtiné ſes élus à la gloire ;
néanmoins, ni ſa previſion, ni ſon arrangement, ni ſa prédeſtination n'apportent
nul prejudice à nôtre liberté ; parce que
cette liberté de nous déterminer de nôtre
côté à quoi il nous plaît, ſoit au bien ſoit
au mal, de choiſir la mort ou la vie, d'obſerver ou de violer la loi, eſt une condition
eſſentiellement renfermée dans cette pré-

vision, dans cet arrangement`, dans cette
prédeſtination : Qu'ainſi c'eſt à nous d'a-
gir, de vouloir, de nous déterminer au
bien, de choiſir le bon parti ; ſi nous pré-
tendons au ſalut. Qui, dis-je, eſt en droit
de faire une telle remontrance au libertin ?
Eſt-ce un homme, qui lui a enſeigné, non-
ſeulement que Dieu nous faiſoit faire le
crime & le peché auſſi bien que les bonnes
œuvres par une operation phyſique & prédeterminante à laquelle il y auroit contradiction & abſurdité que nous reſiſtaſſions
en ne faiſant pas ce quelle nous fait faire ;
Mais encore, ce qui eſt bien plus affreux,
què nôtre ame n'avoit pas plus le pouvoir
de ſe donner aucune détermination, le
moindre ſoufle, le moindre rayon de volonté, le mouvement le plus délicat, la
plus petite action ; qu'elle a le pouvoir de
créer une infinité de nouvelles ſubſtances
dans le monde : parce que cette détermination la plus legere, ce plus petit mouvement, cette action ſeroient en effet autant d'êtres réels, qu'il faudroit faire paſſer
du neant à l'exiſtence par une vertu infinie
& la même que celle, qui a produit l'univers ? Eſt-ce un homme, qui prétend avoir
demontré geometriquement, que Dieu
étoit autant le Créateur de tout ce qui s'appelle modalitez de l'ame, connoiſſances,
amours, ſentimens, conſentemens, &c.

qu'il eſt le Créateur de la ſubſtance même
de l'ame ? Le libertin ne répondroit-il pas
à ce nouveau maître, dont les pernicieuſes
leçons auroient juſtement été la cauſe de
ſon libertinage ; Quoi donc, Monſieur le
Docteur, vous ſied-il bien de me repre-
ſenter ; que la prédeſtination de Dieu loin
de nuire à ma liberté, la ſuppoſe au contraire & la renferme comme une condition
eſſentielle à l'ouvrage de mon ſalut, vous
qui avez, compoſé un gros traité, dont il
n'y a pas une page, qui ne tende à me perſuader qu'il repugne à toute raiſon de croire
que je ſois libre ? Avez-vous bonne grace
de m'exhorter à agir, à vouloir, à me déterminer au bien, à choiſir, à prendre le
parti de la vertu ; vous qui avez épuiſé
vôtre ſcience & vôtre eſprit pour me démontrer, que ce que j'imaginois auparavant comme un acte, une détermination,
un exercice de ma volonté, un choix de
mon libre arbitre ; étoit un être abſolu,
une ſubſtance, que Dieu ſeul pouvoit créer,
comme lui ſeul a pû créer le monde, &
qu'il créoit en effet, & conſervoit par une
création continuée dans la ſubſtance, dites-
vous, de mon eſprit : que c'étoit un être
& une ſubſtance, que moi je ne pouvois
produire, ſi je n'avois la vertu de tirer des
eſtres du néant, vertu infinie, qui ne peut
convenir à aucune créature ; ſi je n'avois le

pouvoir de me donner ce que je n'ai pas, de produire ce que je ne contiens pas même équivallemment, & en puissance, pouvoir chimerique, & qui répugne à toute raison. Ah Monsieur le Docteur encore une fois, laissez tenir ce langage à d'autres : quand ils me le tiendront, j'en serai ébranlé, j'avoüerai même que je n'ai rien à y repartir suivant leurs principes. Mais je m'appuyerai des vôtres pour me défendre contre eux de me mettre le moins du monde en peine de mon salut. J'ai lû leur dirai-je, un gros traité d'un sçavant Philosophe & mathématicien, qui parle de tout, & ne parle jamais que par Lemmes & par Theorémes, lequel démontre géomettriquement, qu'il m'est aussi impossible de rien faire par rapport à mon salut, qu'il m'est impossible de créer un nouveau monde. Quand donc vous m'exhortez à quiter mon peché ; c'est comme si vous m'exhortiez serieusement à empêcher Dieu de créer une ame dans le corps d'un homme qui naîtra dans quelques mois ; ou de conserver les substances, qu'il a créées. Car afin que vous le sçachiez, vôtre traité géometrique prouve démonstrativement, que ce que vous nommez mon peché, est un être réel, que Dieu crée dans mon ame, tout comme il a créé mon ame dans mon corps ; & que Dieu conserve par une création continuée tout comme il conserve toutes les autres substances , qui composent le monde.

Je laisse maintenant à penser, avec qu'elle sincerité l'Auteur assûre ; que cette difficulté contre la prédestination , & les raisonnemens impies qu'il fait faire , sont les mêmes aussi - bien dans tout autre Sistême , que dans le sien. Du moins est-il évident qu'il est si impossible d'y répondre dans son Sistême , que lui-même s'est trouvé forcé d'emprunter les réponses , & les principes du Sistême tout contraire , afin de paroître avoir dit quelque chose. Venons à la troisiéme des objections vulgaires.

Elle regarde le desespoir , où la doctrine du Traité de l'action de Dieu pourroit conduire la créature. Mais , dit le préde-
„ terminant , la doctrine de la grace éfi-
„ cace par elle-même n'est pas non plus
„ capable de jetter dans le desespoir. Ce
„ desespoir ne pourroit être fondé que sur
„ ce que d'une part nôtre sort est arrêté
„ de toute éternité , & sur ce que de l'au-
„ tre nous ne sommes point assûrez , s'il
„ est arrêté en nôtre faveur.
„ Mais en premier lieu , continuë-t-il ,
„ cette difficulté subsiste aussi bien dans le
„ congruisme que dans la grace éficace
„ par elle-même. Dieu nous prédestine

également selon ces deux Siſtêmes. Nô- "
tre prédeſtination nous eſt également "
inconnuë , & tout ce que l'on objectera "
contre l'un , qu'on l'examine bien , re- "
tombé également ſur l'autre. "

En ſecond lieu...... ſi pour eſperer le "
ſalut il falloit en eſtre pleinement aſſû- "
ré , ſans doute que la difficulté propo- "
ſée ſeroit ſolide ; puis que nous n'avons "
point de certitude ſur cet article. "

Mais quel étrange Paradoxe , que "
pour eſperer il faille être aſſûré de ce "
qu'on eſpere ? Quel eſt le négociant , "
qui n'eſpere le guain...... Quel eſt "
l'homme de guerre, qui n'eſpere s'avan- "
cer dans les armes ?.... & cependant où "
eſt la certitude qui ſert d'appuy à ces eſ- "
perances? S'il falloit être certain pour eſ- "
perer, & comment pourroit-on jamais , "
eſperer dans le monde ? Tout y eſt flot- "
tant , &c. "

Je m'arrête icy : Car on voit bien que
nôtre Rhéteur entre à pleines voiles dans
un vaſte lieu commun ſur l'incertitude des
choſes humaines , dont il dit beaucoup de
belles choſes , qui ne font plus rien au ſujet , & qu'il ſeroit fort long & fort inutile de tranſcrire.

Voicy donc en peu de mots mon Commentaire ſur les propoſitions, qu'on vient
de lire. Premierement quand le préeffec-

tionnaire nous dit : ,, Que la doctrine de
,, la grace efficace par elle-même n'est pas
,, capable de jetter dans le defespoir. Il
continuë à user de son artifice ordinaire en
faisant le personnage de Thomiste ; Mais
on lui a déja trop souvent levé ce masque,
pour le méconnoître encore. Ainsi que la
grace Thomistique jette ou ne jette pas
dans le defespoir : Je dis que la doctrine
de la préeffection y jetteroit necessairement
quiconque seroit assez fou pour l'embras-
ser. Car qu'appelle-t'on defespoir en matiere de salut ? N'est-ce pas le funeste état
d'une ame , qui neglige absolument de
travailler à son salut , qui en abandonne
generalement tous les moyens, qui ne veut
prendre nulles mesures pour en écarter les
empêchemens ; & tout cela , à cause d'une
forte & opiniâtre persuasion ou elle est,
qu'il n'est pas en son pouvoir de rien faire
d'utile pour son salut , de prendre aucun
de ces moyens , dont on lui parle , de re-
medier à aucun des obstacles , qu'elle trouve à se sauver ? Or la doctrine de la préeffection jetteroit necessairement dans cet
état quiconque seroit assez fou pour l'em-
brasser : Tout ce que nous avons dit depuis le commencement du premier chapitre de cette réfutation en est une démonstration perpetuelle ; un homme infatué
des principes de cette doctrine seroit forte-

ment perfuadé, qu'il ne pourroit, ni quiter
fon peché, puis que ce peché feroit felon
lui une fubftance maudite, que Dieu auroit créé & conferveroit dans fon ame in-
dépendamment de lui ; ni faire aucune
bonne action, parce que cette bonne action feroit auffi une fubftance, que Dieu
feul pourtoit créer quand il lui plairoit ;
ni enfin déterminer, ou engager Dieu à
faire le moindre changement dans fon
ame, puifque pour cela il faudroit qu'il fe
donnât lui-même quelque efpece de détermination, ce qu'il croiroit impoffible.
Donc la doctrine de la préeffection jetteroit neceffairement dans le defefpoir quiconque feroit affez fou pour l'embraffer.

Secondement. Qu'on juge après cela
par quelle juftefte d'efprit l'Auteur prétend
que le defefpoir ne peut être fondé que "
fur ce que d'une part nôtre fort eft arrêté "
de toute éternité,& fur ce que de l'autre "
nous ne fommes point affurez, s'il eft "
arrêté en nôtre faveur. Non, ces deux "
veritez ne font point le principe du defefpoir ; il ne naît que de l'erreur d'un efprit, qui juge fauffement que le falut éternel eft un bien, qu'il n'eft pas en fon pouvoir de mériter & d'acquerir ; comme auffi
que la damnation eft un mal, qu'il ne peut
pas éviter. C'eft ce faux jugement de l'efprit, qui caufe dans la volonté le dégoût

l'inaction, l'abandon general de tout bien, & la funeste détermination de se laisser emporter à tout mal.

Troisiémement. Delà il s'ensuit que ce même Auteur parle en fort mal habile homme, & n'est gueres au fait de cette matiere; lorsque, pour toute réponse à la difficulté, il se contente de prouver par de longues énumerations, que pour esperer le salut il n'est pas necessaire d'en être pleinement assuré, pretendant que l'objection ne peut être solide à moins qu'elle ne suppose, qu'il faille être assuré de ce qu'on espere. A quoi cela revient-il ? Ou est l'homme, qui desesperant de son salut, apportât pour raison de son desespoir ; que c'est parce qu'il n'est point assuré de son salut, qu'il n'a pas une certitude métaphysique d'être du nombre des prédestinez ? Ou est l'homme encore qui desespere de son salut, tant qu'il sera persuadé qu'il ne tient qu'à lui de l'operer avec des secours de grace, qui lui ont été promis, & que Dieu ne lui refusera point au besoin ; quoi qu'en même-tems cet homme sçache bien qu'il n'est point pleinement assuré, & qu'il ne le peut être sans une revelation particuliere, qu'il est effectivement du nombre des Elus ?

En éfet l'idée d'esperance en general, & de l'esperance chrétienne en particulier dit,

l'a mour d'un bien abfent, qu'on juge pro-
bablement devoir être obtenu par l'ufage
des moyens proportionnez, qui font comme entre nos mains ; d'où refulte l'application de tout l'efprit, & le foin affidu &
empreffé de mettre en pratique ces moyens.
Cette idée ne fuppofe point, elle exclud
au contraire, l'affurance de ce qu'on efpe-
re : Une telle affurance donnée, ce ne feroit plus *efperance*, ce feroit une *attente* pai-
fible du bien, qui devroit infailliblement
arriver. Je développe ces idées, afin de
faire fentir combien elles font confufes
dans nôtre fophifte. Je les développe encore afin que chacun voie.

Quatriémement. Que ce ne peut être,
qu'ignorance, ou envie de tromper, qui
lui faffe dire : ,, Que cette dificulté fub-
fifte auffi-bien dans le congruifme, que "
dans le fiftéme de la préeffection ; & que "
tout ce qu'on objectera contre l'un, re- "
tombe également fur l'autre. Car il eft "
évident qu'on ne peut pas même être tenté
de ce funefte defefpoir, tant qu'on eft perfuadé; que Dieu, qui veut le falut & non
la mort du pecheur, & qui eft fidelle au
jufte, n'abandonne jamais ni l'un ni l'autre jufqu'au point de leur refufer les graces
fans lefquelles il leur feroit abfolument
impoffible, ou de fe convertir., ou de
perfeverer. Celui-là ne defefpere pas, qui

croit que la misericorde de Dieu ne manquera point de lui fournir au besoin des moyens de salut suffisans & proportionnez, dont il ne tiendra qu'à lui de faire un bon usage. Quiconque sera convaincu & persuadé que s'il peche, c'est sa faute ; que si la grace devient sterile en lui, c'est uniquement par sa negligence & par son opiniâtreté ; ne se croira pas en droit de rejetter sur Dieu ses desordres, ni de quitter toute sollicitude & tout soin d'éviter le mal, ou de pratiquer le bien. Au contraire toutes ces personnes jugeront qu'elles peuvent par la misericorde de Dieu se sauver, si elles veulent ; que leur sort éternel est comme entre leurs mains : Ainsi elles se reprocheront leurs fautes, elles donneront lieu à la grace, elles tâcheront d'y correspondre, elles travailleront à rompre leurs liens, elles prieront pour obtenir des secours plus abondans, elles feront des éforts, qui réüssiront enfin : Elles ne se desespereront donc pas.

Or il est manifeste que voilà la doctrine de ce sistème, que le préeffectionnaire regarde avec raison comme entierement opposé au sien, & qu'il nous represente sous le nom de congruisme.

La quatriéme des objections vulgaires, est une de celles, dit l'Auteur, qui frappent le plus ceux, qui considerent la doc-

trine (du traité) d'une maniere superfi-
cielle ; *(a)* „ C'est celle, qui est tirée de
l'amour & de la bonté, que Dieu témoig- "
ne avoir pour les hommes. Toutes les "
Ecritures sont pleines des démonstra- "
tions les plus tendres. Or comment al- "
lier des sentimens si doux avec ce discer- "
nement si terrible des Elus d'avec le Ré- "
prouvez : Car comment les aime-t'il ces "
hommes, qu'il reprouve ; Comment "
leur veut-il du bien, tandis qu'il se re- "
sout de ne leur point donner cette grace "
sans laquelle il voit qu'ils ne manque- "
ront pas de perir ; Ou est cette douceur "
paternelle, cette effusion si liberale, "
cette multitude de misericordes ?   "

Est-il besoin que j'avertisse encore que
cette difficulté n'est point proposée de la
maniere, dont la conçoivent ceux à qui
le Préeffectionnaire n'est plus un personnage inconnû ? Chacun n'a-t'il pas fait
reflexion en lisant ce texte qu'il faut y sup-
pléer quelque chose pour en comprendre
le veritable sens ; & dire, par exemple :
comment Dieu les aime-t'il ces hommes, "
qu'il réprouve positivement en prenant "
de toute éternité l'étrange resolution de "
créer en eux des crimes, qui les précipi- "
tent en enfer, & de n'y point créer les "

a .Sect. 7. ch. 19. pag. 275. &c.

,, vertus, dont il orne ſes Elus ? Comment
,, leur veut-il du bien , tandis qu'il ſe re-
,, ſoût de ne leur point donner cette grace ;
,, c'eſt à dire , *de ne leur point faire la grace*
,, *de produire en eux , ni bons mouvemens, ni*
,, *bonnes actions.* Grace neanmoins ſans la-
,, quelle il voit qu'il ne manqueront pas
,, de perir ; parce que ſans cette grace ;
,, non ſeulement il ne leur ſera pas plus
,, *poſſible* de ſe ſauver , qu'il eſt poſſible à
,, un homme de voir ſans lumiere au mi-
,, lieu des tenebres , ou de lire un livre,
,, lors qu'il a un appareil ſur les yeux :
,, Mais même ils n'auront pas l'ombre de
,, puiſſance , quelque éloignée & impuiſ-
,, ſante qu'on la ſuppoſât , pour faire le
,, moindre effort ſalutaire ; puiſque cet
,, effort ſalutaire ; puiſque cet effort le
,, plus petit & le plus foible , ſeroit toû-
,, jours un être nouveau , qu'il faudroit
,, tirer du neant par une vertu infinie : Or
,, une vertu infinie de tirer des êtres du
,, neant ne peut convenir en aucune façon
,, à quelque creature que ce ſoit ? Oui,
encore un coup, voilà comme il faut tourner cette objection , pour la rendre juſte &
propre de la nouvelle doctrine.

Mais que répond le faux Thomiſte ? Il
répond premierement , ſelon ſa methode
ordinaire ; ,, que cette dificulté attaque
,, également le ſiſtême des congruiſtes.

Ho ! quant à present cette réponse est trop usée , & commence à devenir trop fade , pour mériter que dorénavant je m'y arrête. Il sembleroit enfin que je me défierois autant du discernement de mes lecteurs , que le Préeffectionnaire conte sur la credule simplicité des siens. Passons donc à la seconde.

Elle se réduit à une comparaison , qui a parû propre à l'Auteur pour developer son sentiment. La voicy. ,, Je compare, dit-il, le Genre Humain à une Ville rebelle, " dont les Habitans meritent tous d'être " punis par les supplices les plus affreux, " comme d'être brûlez à petit feu. Un " Prince s'empare de cette ville, & au lieu " d'executer contre tous un châtiment si " juste , il choisit gratuitement du milieu " de cette multitude criminelle une troup- " pe de personnes , lesquelles non-seule- " ment il exempte de la peine, qu'elles ont " meritées, mais qu'il comble de biens, & " qu'il éleve au plus haut degré d'honneur. " A l'égard des autres , ou d'un grand " nombre des autres , il adoucit leur peine " & la diminuë d'une maniere considerable. " Est-il quelqu'un qui puisse accuser " ce Prince de cruauté, & qui au contraire " ne soit porté à loüer sa moderation & sa " clemence ? L'application de cet exemple " se fait ici de soi-même , &c...... Cela est "

tres-certain, que l'application de cet exemple se fait, comme dit l'Auteur, de soi-
même. Mais que nous apprend-elle, cette
application si naturelle ? Elle nous apprend, que le préeffectionnaire agissant
ici tres-consequemment à ses principes
prétend que tout le monde croye avec lui ;
que Dieu ne veut le salut que des seuls
prédestinez, qu'il n'a jamais voulu celui
d'aucun des reprouvez.

Cette Ville rebelle, dont tous les Habitans meritent d'être brûlez à petit feu ;
c'est le Genre Humain. Le Prince qui s'empare de cette Ville ; c'est Dieu. Ce Prince
choisit du milieu de cette multitude criminelle une troupe de personnes, lesquelles
non-seulement il exempte de la mort, mais
qu'il comble de biens : Dieu dans tout le
Genre Humain choisit un tres-petit nombre d'hommes, qu'il arrache à l'enfer, &
qu'il prédestine à un bonheur éternel. Le
Prince ne veut faire grace qu'à cette troupe choisie gratuitement ; à l'égard des autres, qu'il abandonne au dernier supplice,
il n'y en a pas un seul à qui il veüille conserver la vie : Dieu de même ne veut le
salut que de ce petit nombre de prédestinez ; à l'égard de tous les autres hommes,
qu'il laisse dans la masse de perdition ; Il
n'y en a pas un seul à qui il veüille faire
part de la vie éternelle. Le Prince à la
verité

verité veut bien adoucir la peine de plusieurs d'entre ces malheureux destinez à la
mort ; en ordonnant par exemple, qu'on
presse un peu l'execution , qu'on ne les
fasse pas languir, qu'on fasse un plus grand
feu qui les tuë plus vîte : Dieu aussi diminuë le supplice éternel de plusieurs d'entre
les reprouvez , en empêchant , dit-on,
plusieurs crimes , qu'ils auroient pû commettre ; (a) C'est à dire, dans le nouveau
langage , en ne créant pas dans ces infor-
tunées victimes de l'enfer autant de mauvaises actions , qu'il y en pourroit créer.
Mais le Prince néanmoins n'offre à pas un
seul de ceux , qu'il a livrez au supplice,
aucun moyen de l'éviter, il ne leur donne
aucune esperance d'échapper à la mort :
Dieu pareillement n'offre à pas un seul de
ceux , qu'il a réprouvez aucun moyen de
se tirer de l'enfer , il ne leur donne aucune
esperance de changer jamais un sort si funeste. Cependant, ajoûte l'Auteur content
de lui-même , est-il quelqu'un qui ne soit
porté à loüer la moderation & la clemence
de ce Prince ; & par consequent aussi la
moderation & la clemence de Dieu ?

Pour ce qui regarde la moderation &
la clemence du Prince , si l'on sera porté à
la loüer , ou non ; je m'en rapporte aux

(a) *pag.* 277.

L

lecteurs. Quant à la moderation & à la clemence de Dieu , je ne crois pas qu'on en juge encore si favorablement, que de celle du Prince , lors qu'on aura fait reflexion à deux points, qui font furieusement clocher la comparaison.

Car premierement le faux prédeterminant suppose , que chacun des habitans de cette ville rebelle a consenti librement à la revolte commune. Or cela ne convient pas au Genre Humain, la Tache originelle, que contractent les enfans d'Adam se distingue fort des fautes actuelles de chaque homme : Ces infortunez enfans d'un pere prévaricateur naissent à la verité infectez de son peché , mais ils ne l'ont pas commis, ce peché, par un acte libre de leur propre volonté.

L'autre défaut de la comparaison est, que ce Prince , dont nôtre Auteur veut faire admirer la clemence , n'a point declaré en s'emparant de la ville rebelle, que malgré le crime de ses Habitans, il vouloit cependant pardonner non-seulement à ce petit nombre d'heureux , qu'il choisissoit gratuitement ; Mais encore à quiconque des autres auroit un repentir sincere de sa revolte, & seroit dans la suite fidelle à son devoir. Au lieu que Dieu nous assure dans les saintes Ecritures qu'il ne veut point la mort, ni la damnation des enfans d'Adam;

Il a fait annoncer par ſes Prophetes & par ſes Apôtres, qu'il vouloit le ſalut éternel de tous les hommes, & que ſa miſericorde étoit toûjours prête à recevoir même les plus grands pecheurs, dès qu'ils voudroient revenir à lui de tout leur cœur ; Retour au reſte, qu'il leur rend poſſible en même-tems qu'il les y exhortent ; & ſi bien poſſible, qu'il ſe croit en droit de leur repro-cher, que c'eſt uniquement leur faute, & non pas la ſienne, s'ils ſe perdent.

La comparaiſon du Préeffectionnaire peut donc bien ſervir à nous découvrir ſes vrais ſentimens ; Mais elle n'a nulle force pour en établir la verité, ni pour prouver cette erreur, *que Dieu ne veut le ſalut que des ſeuls predeſtinez.*

Mais, dira quelqu'un, l'Auteur ne pa-roît pas pouvoir être accuſé de cette erreur, puiſque dans l'endroit même de ſon livre, dont il s'agit, il parle ainſi. (*a*) ,,Il eſt cer-tain que Dieu a communiqué des biens, " & a établi des moyens generaux pour le " ſalut de tous les hommes, qui ſont un " éfet de ſa bonté envers tous. Je répons " que ces ſortes de propoſitions vagues ne ſuffiſent pas pour juſtifier un homme, dont tous les principes ſont contraires à la ve-rité, qu'elles ſemblent renfermer. Il n'y

a *Sect.7. chap.19. pag 277.*

L ij

a point de Novateur , qui n'en affecte de
semblables pour se duire les simples, & pour
jetter des semences de disputes, à la faveur
desquelles il puisse batailler contre les justes censures , que merite sa doctrine ; car
tel est le genie & l'artifice de tous ces Mes-
sieurs là. En éfet voyons à quoi se reduisent ces moyens generaux de salut , qu'on
dit être un éfet de la bonté de Dieu envers
tous les hommes ? ,, Ils se reduisent à la
,, nature avec ses avantages , au témoig-
,, nage du Ciel , & de la Terre, & de tou-
,, tes les Creatures, au ministere des saints
,, Anges , au sang du mediateur destiné
,, pour tous, à ses Sacremens, à sa grace
,, preparée pour tous, à sa loi, & à son
,, Evangile adressé à tous. Or en tout cela
y voit-on renfermez des secours interieurs
de graces veritablement suffisantes pour
operer le salut , lesquels secours Dieu donne à ceux même qui se perdent , afin qu'il
ne tienne qu'à eux de se sauver ? Ho non ;
de tels secours seroient des graces versatiles & pelagiennes , soumises à la volonté
humaine qui s'en serviroit , ou les rejette-
roit comme il lui plairoit. Ce qu'on n'a
garde de croire dans le sistême de la préeffection. Que veut donc dire ce sang du
mediateur destiné pour tous , cette grace
preparée pour tous ? Cela a un sens, qu'il
n'étoit pas à propos de développer dans cet

endroit : cela signifie , que le sang de J. C. est d'un prix non seulement sufisant, mais infiniment surabondant pour le salut de tous les hommes , si Dieu l'eût voulu accepter sur ce pied-la ; Et que la grace de soi a toute l'aptitude necessaire pour convertir quelque homme que ce pût-être, fût-il le plus opiniâtre d'entre les réprouvez ; s'il plaisoit à Dieu de la lui donner. De même les Sacremens sont des sources de graces pour tous ; parce qu'ils la procureroient à tous , si tous vouloient se les appliquer & ne point mettre obstacle à leur éfet : Mais il n'y aura que les Elus , qui le voudront , ou même qui puissent le vouloir. En un mot quand on dit de tous ces moyens generaux , qu'ils sont établis pour le salut de tous les hommes , on ne veut rien dire , si non qu'ils seroient capables de procurer effectivement le salut de tous les hommes , si Dieu le vouloit.

(*a*) Aussi nôtre Auteur enseigne-t'il, que cette volonté de sauver tous les hommes , qu'il dit être en Dieu , n'est qu'une volonté de signe, dont voici à peu près l'idée, qu'il en donne. C'est à dire ; une volonté que certains signes exterieurs nous portent à imaginer dans Dieu, quoi qu'elle n'y soit pas. Par exemple , la mort de

a *Sect.7. chap.13. pag.224. &c.*

Jesus-Chrift fufifante pour expier les pechez de tout le Genre Humain , le commandement , qu'il fit à fes Apôtres de prê-
cher l'Evangile par toute la terre , l'infti-
tution de Sacremens qui operaffent la grace dans quiconque les recevroit digne-
ment , &c. Tout cela nous a donné occafion de nous flatter que Dieu vouloit fin-
ceremeut le falut de tous les hommes ; quoi
qu'il ne voulût que celui d'un tres-petit
nombre d'Elus.   Je dis que telle eft l'idée,
que nôtre Auteur nous donne de fa volonté
de figne & je prie qu'on y faffe attention ;
parce que ce Docteur ambigu cite plufieurs
Theologiens fort orthodoxes, qui ont parlé d'une volonté de figne dans Dieu , comme fi tous ces Theologiens avoient enfeigné precifément la même chofe que lui ;
ce qui eft tres-faux : car fans entrer dans
un détail qui n'eft point neceffaire pour
confondre le nouveau prédéterminant ;
c'eft une chofe affez claire par elle-même,
que tout Theologien catholique reconnoît,
comme il le doit , que Dieu donne même
aux réprouvez , des graces interieures veritablement fufifantes pour operer leur
falut ; enforte que par le fecours de ces
graces , ces hommes là même, qui fe perdent , ayent un pouvoir complet , de fe
fauver ; & qu'il foit vrai de dire , non dans
un fens immaginaire & illufoire , mais

dans un sens réel & veritable , que les Predestinez ne sont pas les seuls, dont Dieu veüille le salut. Qu'après cela quelques-uns de ces Theologiens ayent crû pouvoir donner le nom de volonté de signe, à cette volonté de Dieu , qui regarde le salut de ces hommes , qui par leur pure faute ne se sauveront pas : Cela ne prouve rien en faveur du Préeffectionnaire , puisque ces Theologiens n'entendent point par ce nom la même chose que lui ; puisque l'idée qu'ils attachent à ce nom , ne préjudicie point à ce que la foi nous enseigne concernant cette matiere. Seulement il a saisi cette expression afin de tirer avantage de l'Equivoque dont elle étoit susceptible, pour couvrir des opinions reprouvées sous un terme usité dans l'école.

Enfin nous voici parvenus à la derniere des objections vulgaires. L'Auteur la propose , & y répond ainsi. (a) ,, Enfin, dit-on , si nous ne faisons le bien, que lors " que nous avons une grace éficace par " elle-même. (C'est à dire , comme on " sçait, que lors que Dieu crée en nous une bonne action) ,, qu'on prie pour nous l'obtenir, à la bonne heure; mais qu'on " ne nous reprenne point , lors que nous " faison le mal , ne l'ayant point euë...... "

____

a *Sect.7. ch.19. pag 278. &c.*

„ Difons plûtôt (c'eft fa réponfe) que
„ quelqne befoin que nous ayons d'une
„ grace efficace , l'on a raifon de nous re-
„ prendre. La correction eft jufte & elle
„ eft utile parce que Dieu attache fouvent
„ fa grace à ce moyen exterieur , &c.

A cela je n'ai que deux mots à repliquer.
J'avoüe que nôtre Auteur peut dire dans
fes principes que la correction eft utile, en
tant qu'elle peut être une caufe occàfion-
nelle que Dieu ait établie pour déterminer
fa volonté à créer dans l'ame de celui qu'on
reprend une de ces précieufes fubftances,
qui fe nomment , bonnes actions. Car
cet Auteur eft un nouveau Philofophe, qui
tient ce joli fiftême des *caufes occafionnelles*,
ou l'on fait de Dieu l'ame du monde , qui
joüe dans la machine de l'univers un jeu
tres-plaifant , dont nous avons parlé au
long dans la refutation de la doctrine du
Pere Malebranche, tom. 1. chap. 5. n. 7. &
tom. 3. chap. 4. n. 12. En éfet quand le
Préeffectionnaire dit que Dieu fe détermine à donner fa grace éficace par elle-même,
à l'occafion d'un reproche , qu'un homme
de bien fait à un pecheur; fi je lui demande,
qui eft-ce qui fait faire au pecheur ce reproche par l'homme de bien ? Il fera obligé
de me répondre que c'eft Dieu lui-même
en produifant dans cet homme de bien la
détermination à faire ce reproche au pe-

cheur. Voilà justement le jeu. Dans l'ordre de la nature Dieu se fait une loi generale ; que toutes les fois qu'un corps A.
en mouvement choquera un corps B. en
repos , il prendra occasion de ce choc de
produire une certaine quantité de mouvement dans le corps B. qui aura été choqué.
Ensuite lui-même, comme pour se donner
le plaisir d'appliquer & d'executer sa volonté , ou sa loi generale , met en mouvement & pousse le corps A. sur le corps B.
De même dans l'ordre de la grace , Dieu
dit , par exemple , lors qu'un homme vertueux reprendra dans certaines conjonctures & d'une certaine façon la conduite d'un
pecheur , je prendrai occasion de ce reproche de produire dans l'ame de ce pecheur une sainte action , qui le convertira.
Ensuite lui-même produit dans cet homme
vertueux la détermination à reprocher au
pecheur sa conduite dans les conjonctures
& de la maniere , qu'il faut. Ainsi Dieu
dans l'un & l'autre ordre fait seul tout ce
qui s'y passe , il commande & obéit ; Il
établit par des volontez generales des causes occasionnelles de ses volontez particulieres , & reciproquement il se fournit par
des volontez particulieres ces mêmes occasions d'appliquer ses volontez generales.
Revenons à nôtre sujet.

L v

Quant à la justice de la correction, je n'en conviens pas dans le sistême de l'Auteur. ,, Elle est juste, dit il, puisque nous ,, avons veritablement tort quand nous ,, pechons. Moi je dis tout le contraire. Elle n'est point juste, puis que veritablement nous n'avons point de tort suivant ses principes, comme nous l'avons montré ci-dessus n.7. & n.8. Car enfin ou est mon tort, lors que Dieu par une operation toute puissante à laquelle je ne puis resister me fait faire un peché? Ou plûtôt quel tort puis je avoir lors que Dieu sans que j'y aye la moindre part crée dans mon ame un de ces mauvais êtres, qui se nomment pechez? Que puis-je faire, si Dieu après avoir créé dans moi ce maudit être, veut encore l'y conserver pendant toute ma vie? Est-ce enfin ma faute, si Dieu ne veut pas au contraire tirer du neant aucune de ces belles substances, qu'on appelle actions saintes, pour la mettre & la conserver dans mon ame? A celui, qui me reprend ne puis-je pas répondre; que voulez-vous que je fasse? Pretendez-vous que j'aneantisse un mauvais être, que Dieu conserve dans moi par une creation continuelle; ou que je crée malgré Dieu dans mon ame un bon être à la place de cet autre mauvais? Mais vôtre pretention n'est pas raisonnable; car vous ne sçauriez ignorer que la puissance de créer, ou d'aneantir des êtres étant de soi infinie, elle ne peut convenir ni à moi ni à aucune créature. J'aimerois donc autant que vous reprochaſſiez à un homme de ne s'être pas mis au monde un ſiecle plûtôt, ou de s'y être mis un ſiecle trop tôt.

Voilà un long chapitre ; mais je crois qu'on conviendra qu'il n'étoit pas à propos de le faire plus court. Après avoir dans les precedens revelé le miſtere du traité de l'action de Dieu ſur les creatures, en expoſant & développant en toutes manieres le pernicieux & extravagant principe, qui fait le fonds de ce traité : Il étoit neceſſaire de confirmer encore par celui-ci tout ce que nous avions établi ; en faiſant voir combien l'Auteur répondoit mal aux objections, qui naiſſent en foule des horribles conſequences de ſa doctrine.

La réfutation du traité peut donc maintenant être regardée comme complette. Cependant j'y ajoûte un dernier chapitre, qui fera peut-être plaiſir, & qui n'eſt point tout à fait hors d'œuvre : Il ſervira beaucoup à faire connoître le caractere & le genie du nouveau prédeterminant, & à regler le jugement qu'on doit porter de ſon mauvais livre.

CHAPITRE VII.

DES CHOSES INUTILES, *dont l'Auteur a grossi son Traité.*

E Chapitre tout seul fourniroit un bon gros volume *in folio*, si je voulois m'y étendre sur tout ce qui en fait le sujet. Je transcrirois d'abord les deux tiers & dèmi du livre de l'action de Dieu, & j'en ajouterois pour le moins autant du mien. Mais, outre que je n'ai pas assez de tems à perdre pour cela, il seroit fort inutile, & de plus tres ennuyeux de suivre comme à la piste une imagination vagabonde, qui prend plaisir à s'égarer elle-même dans des pays qu'elle ne connoît pas. Je me contenterai donc de faire seulement remarquer ses écarts en parcourant les sections, que je n'ai pas eu lieu d'examiner, lors que je n'avois en vûë de traiter que les choses essentielles & bien liées à la doctrine du Traité.

I.

JE commence par la seconde Section, parce que l'on a eu dans le cinquiéme chapitre de cet ouvrage une Analyse exacte de la premiere.

Cette Section seconde a deux parties, uniquement parce qu'il a plû à l'Auteur de la couper en deux, de peur qu'elle ne fût trop grosse : Car il ne paroît pas d'autre raison de cette division. Dans l'une & dans l'autre on considere les actions humaines selon leur être moral. Beau champ pour la Rhetorique. (*a*) On debute par un discours pathétique sur l'interêt de l'homme, pour nous persuader à tous que si nous ne sommes Disciples du nouveau prédeterminant : ,, Nous sommes dans un extrême danger de donner atteinte aux principes " de la morale & aux vertus principales du " Christianisme, ou plûtôt nous prévari- " quions dans tous nos devoirs les plus " essentiels. Cela n'est-il pas bien capable " de nous ébranler, sur tout après ce qu'on a vû ci-dessus touchant les rares sentimens de ce grand Maître ?

Après ce touchant debut, suit un autre discours, mais magnifique, (*b*) de la per-

a *Sect* 2. *chap.* 1.
b. *Chap.* 2.

fection de l'homme. En voici le précis ;
C'est Dieu, l'être souverainement parfait,
qui nous communique toute nôtre perfection ; Donc la volonté humaine ne se peut
pas donner la moindre petite détermination, le plus petit commencement d'action, une inflexion, une étincelle, un
rayon, un soufle, le moindre mouvement.
Autrement l'homme ne devroit qu'à lui
seul sa principale perfection ; il auroit même le pouvoir d'accroître sa perfection
sans terme & sans mesuré ; la plus sublime,
la plus accomplie, la plus incomprehensi-
ble ne seroit pas au dessus de ses forces : il
réüssiroit à se la donner avec la plus étonnante facilité ; & bien-tôt on ne pourroit
plus distinguer cette perfection de l'homme de la perfection divine. Cela seroit en
verité bien étrange ! Au reste je proteste
que ce sont les propres paroles de l'Auteur;
je serois bien fâché de prendre sur mon
compte de tels raisonnemens.

L'Orateur plein de son beau feu continuë avec la même vehemence de sentimens
& la même énergie dans ses expressions, à
montrer que quiconque n'est pas prédeterminant, c'est à dire Préeffectionnaire ; (a)
Il a renoncé à la foi ; il a perdu l'esperance ; il n'a plus d'amour de Dieu ; il ne l'a-

a *Chap.* 3. 4. 5. 6. 7. 8. 9. 10. & 11.

dore point en verité ; sa priere n'est que hipocrisie ; il insulte au Seigneur quand il lui rend des actions de graces ; il ne connoît ni crainte salutaire, ni vigilance chrétienne ; il a foulé aux pieds tous les devoirs de la Religion ; Il ne peut plus pratiquer l'humilité, ni en avoir aucun sentiment. O l'affreux état de tous ceux, qui n'admettent point la préeffection physique ! Leur damnation est certaine, ou l'Auteur est fou. Mais après tout, cette disjonctive me rassure un peu.

Car enfin pourquoi celui, qui n'est pas Préeffectionnaire n'auroit-i lpoint de foi ? La foi est un don de Dieu par lequel nous croyons fermement sur sa divine parole tout ce qu'il a revelé à son Eglise. Or je ne trouve rien dans le chapitre de la foi, qui me prouve que Dieu ne puisse pas communiquer cet excellent don aussi bien à un bon Catholique, qui croit que l'opinion de nôtre Auteur est contraire à ce que l'Eglise nous enseigne touchant la liberté & plusieurs autres points, qu'à un homme entêté de la préeffection.

Pourquoi n'aurois-je pas l'esperance ? Au contraire si j'étois dans les sentimens du nouveau prédeterminant, je perdrois necessairement cette vertu, comme je l'ai prouvé en son lieu. Mais persuadé que Dieu veut sincerement mon salut, & qu'il me donne tous les secours necessaires pour l'operer si je veux m'en servir, & qu'enfin il ne tient qu'à moi de faire un bon usage de ces secours; je ne puis manquer d'esperer jusqu'au dernier soupir en la misericorde de Dieu par les merites de Jesus-Christ.

Pourquoi n'aurois-je plus d'amour de Dieu? Cesseroit-il donc d'être aimable en lui-même, cesseroit-il d'être bien-faisant à mon égard; dès que je ne croirois pas comme article de foi la doctrine du traité? Il me semble plûtôt que j'aurois de la peine à l'aimer, si j'étois assez malheureux pour croire qu'il crée dans la plûpart des hommes malgré eux de mauvaises actions pour lesquelles il est resolu de les damner; & qu'il a la dureté de n'y pas vouloir créer des vertus, qui les rendroient agréables à ses yeux. Je ne l'adorerois pas non plus de bon cœur si je le regardois comme un être bisarre, createur de substances abominables, qu'il uniroit à des ames innocentes, afin de les rendre criminelles.

Ma priere ne peut être hipocrite, lorsque je demande à Dieu des graces sans lesquelles je suis convaincu que je ne puis rien faire pour mon salut: Mais elle est accompagnée de confiance, parce que je ne suis pas moins convaincu que la bonté de Dieu est disposée à m'accorder ces graces.

Au lieu que si j'étois préeffectionnaire je ne pourrois plus conter sur une telle disposition de Dieu. Je rends aussi tres sincerement mes actions de graces à Dieu pour les biens, dont il m'a comblé, & dont il souhaite de me combler de plus en plus : ce que je ne ferois pas, si je m'imaginois que Dieu n'a peut-être pas créé un seul bon degré d'être dans mon ame, & qu'au conttaire il y en crée à toute heure de mauvais par lesquels il veut se donner le cruel plaisir de me damner éternellement. Sentimens, qui sont fort naturels à une imagination frappée des principes du traité.

Enfin c'est un Préeffectionnaire, qui ne doit ni craindre ni veiller sur l'affaire de son salut, puisqu'elle ne dépend en aucune façon de lui ; & qu'il n'est pas en son pouvoir d'empêcher Dieu de créer en lui des pechez, ou de l'obliger à y créer de bonnes œuvres ; puis que Dieu ne veut le salut que d'un petit nombre d'Elus, & ne fait que semblant par quelques signes, qui ne signifient rien, comme on la montré dans le chapitre precedent, de vouloir celui des autres. C'est encore un préeffectionnaire, qui ne peut avoir de vraye humilité, puis qu'il ne peut se reprocher aucune faute, aucune foiblesse, aucune negligence ; il peut seulement dire avec chagrin que Dieu a mis beaucoup de mal dans son ame , mais dont lui , n'a été , ni n'a pû être la cause. Il en fera de même de tous les autres devoirs , fi nous fommes dans le faux principe , que nous ne pouvons pas nous donner la moindre détermination, ni pour le bien , ni pour le mal : car alors le feul parti , qui nous reftera à prendre , fera de laiffer faire Dieu dans nous , foit qu'il veüille y produire les plus honteufes abominations , foit qu'il lui plaife d'y mettre de beaux fentimens. Voilà comme la préeffection conduit tout droit au Quietifme le plus brutal.

I I.

DAns la feconde partie de la feconde Section , l'Auteur quite le ftile d'Orateur vehément , pour prendre celui d'un Sophifte pointilleux , qui va chercher des preuves de fa prémotion là ou jamais perfonne , autre que lui , ne fe feroit avifé d'en chercher. Ces fources font s'y curieufes, que fi je ne les indiquois pas , je croirois priver mes lecteurs d'un petit divertiffement qu'il m'eft trop aifé de leur donner, pour que je doive le leur refufer.

Les voici donc ces fources d'argumens invincibles en faveur de la préeffection. Les paroles échappées , l'autorité d'Homere , celle des femmes & des enfans, l'hiſtoire du Genre Humain en general, l'union hipoſtatique des deux natures en Jeſus-Chriſt , l'operation du demon dans les poſſedez , les exorciſmes de l'Egliſe, les impreſſions de l'eſprit de Dieu ſur les Prophetes & les Ecrivains ſacrez.

Voici maintenant en abregé les démonſtrations geometriques,que tire l'habile prédeterminant de toutes ces ſources.

(*a*) Souvent la verité nous échappe "
par des paroles indeliberées...... s'agit-il "
de la ſanté , de la maladie , des ſaiſons, "
du gouvernement , de la victoire , du "
renverſement des Empires, des accidens "
terribles ; c'eſt toûjours de Dieu que l'on "
parle , comme de celui , qui en eſt l'ar- "
bitre , qui opere tout , qui gouverne "
tout ; c'eſt toûjours vers lui , qu'on leve "
les yeux , & qu'on pouſſe des cris. Mille "
expreſſions populaires ne juſtifient-elles "
pas ce que j'avance ;...... Homere , qui "
de tous les Poëtes a le mieux réüſſi à par- "
ler d'après la nature , Homere , qui eſt "
auſſi le chef d'œuvre, & le modelle de la "
Poëſie , Homere marque nettement une "
operation de Dieu prédeterminante..... "
Ceci eſt confirmé par douze affreuſes pages
de vers d'Homeres citez en grec & traduits

_____

a *Sect.* 2. *pag.* 2. *ch.* 1.

tant en latin qu'en françois. Or , conti-
nuë-t'on : ,, Ou eſt-ce qu'Homere , ou eſt-
,, ce que les Poëtes , ou eſt-ce que les fem-
,, mes & les enfans ont étudié cette verité?..
,, Sans doute ils ont écouté la nature.. elle
,, les a inſtruits de la puiſſance de Dieu, &
,, de nôtre foibleſſe..... concluons donc
,, que ces paroles ne ſont que les expreſ-
,, ſions des ſentimens , que la nature nous
,, a imprimez..... & qu'ainſi ces paroles
,, fourniſſent une forte preuve pour les ſe-
,, cours prédeterminans , comme elles en
,, fourniſſent une pour l'exiſtence d'un
,, Dieu ; puiſque preſque toutes celles qui
,, prouvent la divinité, prouvent auſſi l'o-
,, peration prédeterminante , & même
,, qu'elles ne prouvent la divinité qu'en
,, exprimant une telle operation.

En verité ſi Dom Quichotte de la Man-
che ſe fût mêlé de raiſonner ſur la prémotion phiſique s'y ſeroit-il pris autrement ?
Autre démonſtration tirée de l'hiſtoire du
Genre Humain.

(*a*) Pour celle-là il faudroit la lire dans
le Traité afin d'en avoir tout le plaiſir. Elle
eſt trop longue & trop mêlée de narrations,
de deſcriptions, de ſermons, &c. pour qu'on
la puiſſe bien abreger en ne ſe ſervant que
des termes de l'Auteur. N'étant donc pas

____

a *Chap.* 3.

d'humeur à copier tant de chofes hors d'œuvre, je me contenterai de dire; qu'après avoir repris cette hiftoire du Genre Humain depuis Adam jufqu'à l'an mille fept cens treize inclufivement; après avoir parcouru la loi de nature, la loi écrite, & la loi de grace; après avoir d'écrit les differens érats du Genre Humain fous ces trois loix; après avoir fait fur tout un petit abregé de l'hiftoire du Peuple Juifs par les Patriarches, les Juges, les Rois, les Prophetes, les Princes étrangers aux quels il a été foumis, ce qui marque une affez jolie memoire dans nôtre Ecrivain; après avoir d'écrit le changement qu'a caufé dans le monde la venuë de Jefus-Chrift & la predication des Apôtres, & avoir cité à ce propos plufieurs beaux paffages de l'Ecriture Sainte; après avoir reprefenté les tenebres & la corruption des Peuples barbares chez qui l'Evangile n'a pas encore penetré; après avoir dépeint ce qui fe paffe dans un idolàtre, qui ouvre les yeux à la lumiere, & dans un pecheur, qui fe convertit; les remords de celui-ci, fes combats, fes tentations, fes rechutes, fes efforts pour fe relever, enfin fes victoires, &c. Après avoir fait un tableau des dereglemens de la jeuneffe, oppofé à celui d'une fainte vieilleffe, qui goute la paix, la douceur, la confolation de la vertu; Après mille autres choſes belles & rares , nôtre prédeterminant conclud ainſi. ,, Certainement l'hiſtoire ,, du Genre Humain , l'experience de qua- ,, tre mille annéés avant Jeſus-Chriſt , & ,, de dix-ſept cens ans après Jeſus-Chriſt ,, dans l'Amerique , la Tartarie, & les au- ,, tres Nations barbares ; cette experience, ,, dis-je , eſt une grande preuve contre la ,, grace verſatile. Par conſequent l'hiſtoire du Genre Humain prouve évidemment, qu'il faut admettre la grace prédeterminan- te , ou la préeffection phiſique.

Si l'on veut cependant avoir encore une idée plus préciſe de ce beau morceau du traité , voici le raiſonnement , qui en fait tout le fond.

I. PROPOSITION.

Les hommes ; tant ceux qui vivoient avant Jeſus-Chriſt ſous la loi de nature, ou la loi Moſaïque , que ceux qui ont vécu depuis, mais dans des Païs barbares, ou la lumiere de l'Evangile n'a pas penetré , ont tous été enſevelis dans l'abîme de la plus affreuſe iniquité ; ſi l'on excepte ſeulement un tres-petit nombre de perſonnes leſquel- les ſous les deux premiers états , ſçavoir de la loi de nature & de la loi moſaique ; ont été ſauvez par une grace de Jeſus-Chriſt tres-particuliere. ,, Quel affreux ſpectacle,

(dit-on en parlant de tout le reste du "
Genre Humain, ce peu de personnes ex- "
ceptées) que d'excez , que d'abomina- "
tions , que d'injustices , que de dissolu- "
tions , que d'erreurs , que de sacrileges, "
que de déreglemens , dont la raison, "
dont la nature même a horreur , & dont "
on ne voit point d'exemples parmi les "
animaux les plus feroces. "

II. PROPOSITION.

Or tous ces étranges desordres sont pro-
venus de ce que nul de tous ces miserables
hommes n'a eu la grace efficace par elle-
même telle qu'on l'entend dans le traité,
sçavoir celle par laquelle Dieu produit &
crée dans une ame de saintes actions par
une operation toute puissante , toute semblable à celle par laquelle il a créé le monde. Operation qui est la seule grace qu'on
reconnoisse dans l'état de la nature tombée. „ Car, dit le prédeterminant , pourquoi une si énorme difference entre l'état "
de la nature , & celui de la grace ; entre "
Moïse & Jesus-Christ ? Pourquoi la na- "
ture avec tout son appareil n'a-t'elle pû "
réüssir à donner au Genre Humain des "
mœurs plus reglées ?..... Croit-on que "
du tems de la loi Mosaïque le concours "
concomittant eût manqué , si la creature "

,, eût voulu se déterminer à faire le bien ?
,, Est-ce que la nature ne presentoit pas à
,, l'homme des attraits & des invitations
,, pour la vertu ? La loi n'avoit-t'elle pas
,, ses douceurs, ses consolations, ses pro-
,, messes, aussi-bien que ses terreurs & ses
,, menaces ?..... si l'homme n'a besoin que
,, d'une grace versatile ; si cette grace ver-
,, satile est toûjours presente ; si la grace
,, versatile est toûjours donnée à l'homme ;
(Il faut se souvenir que chez l'Auteur toute grace à laquelle la volonté pourroit donner, ou refuser librement son consentement s'appelle versatile) ,, si en usant bien
,, de cette grace versatile, on parvient à la
,, justice & à tous les autres dons celestes ;
,, Si cette grace est commune à tous les
,, hommes ; pourquoi voyons - nous une
,, difference si sensible entre les tems, qui
,, ont precedé l'avenement de Jesus-Christ,
,, & ceux qui l'on suivi, entre les nations
,, infidelles, & celles qui se sont soumises
,, à l'Evangile ? Est-ce donc sans providen-
,, ce & par hazard, qu'il y a tant de dére-
,, glement d'un côté, & tant de vertu &
,, de sainteté de l'autre? Si les hommes de
,, tous les tems & de toutes les nations ont
,, eu la même grace que nous, grace dis-
,, posée à nous secourir au premier signal
,, de la volonté, ou bien s'ils ont toûjours
,, eu sous la main des secours avec lesquels

ils

ils avoient tout ce qu'il falloit pour faire "
des actions en confequence de quoi Dieu "
leur auroit donné la grace ; Pourquoi au "
tems du Deluge ne fe voit-il qu'un jufte, "
tandis que la terre, non moins peuplée "
que maintenant, eft inondée d'un déluge "
affreux d'iniquitez ? Pourquoi dans le "
defert, & du tems des Juges, des Rois, "
des Prophetes, n'apperçoit-on encore "
que des prévarications, des idolatries "
criantes, un abandon de Dieu general, "
les faints en fi petit nombre ? Pourquoi "
enfin, hors la terre promife, tout le refte "
de la terre, ces peuples innombrables, "
ces contrées immenfes, pourquoi tant de "
millions d'hommes avant Jefus-Chrift, "
& encore à prefent, ou Jefus-Chrift n'eft "
point connû, font-ils plongez dans l'a- "
veuglement, dans la corruption, dans "
des defordres palpables ? &c. "

III. PROPOSITION.

Donc l'hiftoire des deréglemens du
Genre Humain prouve évidemment la neceffité de cette grace prédeterminante par
laquelle Dieu crée dans l'ame de fes Elus
de actions faintes. ,, N'eft-il pas vifible
(ce font les paroles du traité) que la "
terre n'atend à ce moment précis (de l'a- "
venement du Sauveur) à rapporter fes "

,, fruits, que parce qu'elle a besoin d'u-
,, ne rosée celeste, & d'une pluye abon-
,, dante de grace, qu'elle n'avoit point euë
,, jusqu'alors pour les produire. Ces dernieres paroles sont remarquables.

Je ne sçai si je dois mettre ici mes reflexions. Chacun voit assez de qui l'Auteur
a pris cette doctrine ; D'où il s'ensuit premierement qu'excepté un petit nombre
d'Elus parmi le Peuple Chrétien, un plus
petit nombre parmi le Peuple Juif, & un
autre encore plus petit parmi ceux, qui
vivoient avant la loi Mosaïque ; nul homme n'a, ni n'a eu aucune veritable grace
interieure & suffisante pour le salut. Secondement que faute de la grace éficace
par elle-même accordée aux seuls Elus,
tout le reste du Genre Humain succombe
necessairement à la loi du peché. Troisiémement, que par consequent toutes les
œuvres non-seulement des infidelles, mais
encore de tous ceux qui n'ont pas cette
grace donnée aux seuls Elus, sont des pechez.

Mais à quoi ce pitoyable raisonneur n'a
pas pris garde, c'est que plus il exagere les
desordres du Genre Humain & de tous les
hommes, qui faute de sa grace éficace par
elle-même, ont donné dans les excez les
plus criminels ; plus il fortifie cette terrible objection à laquelle il ne répondra

jamais, fçavoir que dans fon Siftême Dieu eft l'Auteur & l'unique caufe d'une infinité d'abominations , qui font horreur. Car enfin à qui en eft la faute fi prefque tout le Genre humain depuis cinq mille fept cens ans eft chargé de crimes , d'injuftices, de facrileges , d'abominations ? N'eft-ce pas à celui, qui produit tous ces monftres dans l'efprit humain , & qui refufe d'y créer aucun degré de vertu , en refufant à prefque tous les hommes ce qu'on appelle la grace efficace par elle-même ?

Autre démonftration prife de l'union hipoftatique du Verbe & de l'Humanité fainte dans Jefus-Chrift. Ecoutons le Pré-effectionnaire la propofer lui-même. (*a*) Jefus-Chrift eft une grande lumiere de " la grace efficace. Le Verbe éternel éclaire " l'Humanité fainte par les rayons de la " divinité , la volonté divine gouverne & " détermine la volonté humaine......Peut- " on concevoir une operation trop effica- " ce ? Y a-t'il jamais eu lieu de craindre " que l'humanité de Jefus-Chrift n'ait pe- " ché , quoiqu'elle ait été libre ? Ou bien " y a-t'il lieu de croire que fa volonté n'é- " toit pas libre , parce qu'elle étoit déter- " minée par le Verbe ? Au contraire n'é- " toit-elle pas d'autant plus libre , qu'elle " pouvoit moins devenir l'efclave dupeché? "

a *Sect.7. 2. p. chap.4.*

M ij

„ Ce seroit une erreur d'oser dire qu'en
„ Jesus-Christ il y avoit quelques opera-
„ tions purement humaines...... L'union
„ hipostatique s'étend à toutes les parties,
„ à tous les degrez d'être , à toutes les
„ operations , à tout ce qu'il y a de réel
„ dans la nature humaine..... Donc l'ope-
„ ration du Verbe sur l'humanité sainte est
„ une operation prédeterminante , &c.....
Donc il faut admettre la Préeffection phisique aussi-bien par rapport à l'humanité
de Jesus-Christ , que par rapport aux autres hommes.

Il me semble que ce seul extrait suffiroit
pour faire voir que nôtre Auteur est aussi
ignorant en Theologie , qu'on a vû qu'il
l'étoit en Géometrie & en Philosophie.
Ou a-t'il pris par exemple, que la volonté
de Jesus-Christ étoit libre de pecher, comme il le suppose ? S. Thomas , S. Augustin
& tous les Theologiens enseignent le contraire ; & il ne faut qu'un peu de bon sens
pour voir que c'est , non-seulement une
impieté & un blaspheme , mais encore une
extravagance & une absurdité grossiere de
s'imaginer que le Verbe incarné pût commettre le peché.

Jesus-Christ étoit donc veritablement
déterminé au bien , de maniere qu'il ne
pouvoit pas faire le mal. Mais il ne laissoit
pas d'avoir aussi une vraye liberté de choix

entre differens actes de vertu , entre differens moyens de procurer la gloire de son Pere & le salut des hommes ; & c'est de cette liberté qu'on peut dire qu'elle étoit d'autant plus parfaite , que Jesus-Christ pouvoit moins devenir l'esclave du peché, parce que dans l'exercice de cette heureuse liberté il ne soufroit, ni ne pouvoit soufrir aucune des difficultez , que nous, hommes pecheurs, avons à surmonter de la part de nôtre nature corrompuë.

Ce seroit une erreur d'oser dire qu'en " Jesus-Christ il y avoit quelques opera- " tions purement humaines. Mais c'est " aussi une heresie que de croire , qu'il n'y avoit point en Jesus- Christ d'operation humaine. Cependant il est manifeste à quiconque est au fait des principes de l'Auteur que si la divinité produisoit par une veritable creation tous les *degrez d'être* de l'ame de Jesus-Christ , & generalement tout ce qu'il pouvoit y avoir de réel dans cette sainte ame : il est, dis-je , manifeste, que ces degrez d'être , ces réalitez , ne peuvent plus se concevoir comme des operations humaines , puisque la volonté humaine ne peut avoir aucune part à leur production.

(*a*) Venons aux operations du demon

a *Chap.*6.

sur les possedez , aux Exorcismes , & aux impressions de Dieu sur les Prophetes. Car nôtre Auteur met tout cela à peu près sur la même ligne , & le traite pêle mêle dans un même chapitre.

Mais j'avoüe que je me trouve ici embarrassé à reduire le raisonnement de nôtre Auteur. Car enfin prétend-il dire , que sa grace prédeterminante doive être comparée aux operations par lesquelles le diable agit sur le corps & sur l'imagination des possedez : ou du moins que Dieu produise par sa grace un bon mouvement dans nous, de la même maniere qu'il chasse le demon du corps d'un possedé par les conjurations & les exorcismes de l'Eglise ? Cette comparaison me paroît avoir quelque chose d'étrange. Cependant si ce n'est pas cela qu'il veuille dire ; je ne voi plus à quel dessein il fait mention dans son Traité de la prémotion phisique , de demon , de possedez , de conjurations & d'exorcismes.

De même , quant aux Prophetes & aux Ecrivains canoniques , je ne voi pas quel avantage en espere tirer nôtre Préeffectionnaire : Car , ou le lecteur pensera qu'il n'étoit pas en leur pouvoir de resister à l'impression de l'esprit de Dieu sur eux ; & alors il conclura de la comparaison que fait l'Auteur , que cet Auteur ne croit pas non plus que sa prémotion laisse à l'hom-

me aucune liberté : Ou bien le lecteur
pensera que l'inspiration de Dieu donnée
à ces saints Personnages , ne leur ôtoit
point la liberté de ne la pas suivre , & à
lors il dira qu'il n'y a point de comparaison
à faire entrer cette inspiration , & la préeffection phisique ; ou plûtôt il dira que
le nouveau Prédeterminant a grand tort
de vouloir persuader que cette inspiration
divine fût une prémotion telle qu'il l'entend.

III.

LA troisiéme & la quatriéme section du
Traité ne doivent pas occuper ici beaucoup de place : non qu'elles ne soient far-
ciez l'une & l'autre de beaucoup d'inutili-
tez ; mais pour une autre raison, à sçavoir
que tout ce qu'elles comprennent d'essentiel au Sistême de la préeffection , soit par
rapport aux connoissances de l'entendement , qui font le sujet de la troisiéme ;
soit par rapport aux amours de la volonté,
dont traite la quatriéme ; tout cela vient
d'être examiné & refuté dans les chapitres
precedens : & quant à vingt questions incidentes , sur la vûë de Dieu , & de toutes
choses en Dieu , par exemple , sur la nature des sensations , sur l'amour du bien
en general, sur les passions, &c. que nôtre

Auteur semble n'avoir affecté de fourrer dans son livre, que pour faire voir qu'il avoit lû Malebranche, dont il a copié la plus grande partie de ce qu'il dit sur ces matieres : A l'égard, dis-je, de ces questions étrangeres, je crois avoir quelque droit de renvoyer le Prédeterminant à la refutation du sistême métaphisique du Pere Malebranche, qu'on donnée depuis peu au public.

Il me vient seulement à l'esprit, qu'on peut faire sur ces deux sections une remarque generale, qu'il est à propos de ne pas omettre. La voici. L'Auteur ne met aucune difference entre la maniere, dont se produisent d'un côté les connoissances, ou perceptions de l'entendement, & les sensations ; & de l'autre, les actes, les déterminations, les consentemens de la volonté. Il exige la même operation de Dieu prédeterminante, la même préeffection pour ces secondes modalitez, que pour les premieres : c'est même là ce qui fait le fond de tous ses raisonnemens. Or il est manifeste, & personne ne le peut nier ; que nos connoissances, ou perceptions, que nos sensations ne nous sont point libres : Quand j'ai les yeux ouverts sur des objets qui m'environnent, il ne dépend pas de moi d'avoir, ou de n'avoir pas les perceptions & les connoissances de ces objets ;

quand les esprits animaux reveillent par hazard dans mon cerveau certaines traces, qui sont liées avec certaines idées , je ne suis pas maître d'empêcher que ces idées ne se presentent à mon esprit , & n'en soient apperçûës. Si je touche de la glace ; j'ai necessairement une sensation de froid ; si j'approche du feu , je sens necessairement de la chaleur ; si un charbon me tombe sur la main , il me cause malgré que j'en aye de la douleur; si l'on tire un canon à dix pas de moi , j'aurai necessairement un sentiment de son , &c. Donc le nouveau prédeterminant est persuadé, que les actes, les consentemens , les déterminations de la volonté ne sont point libres , sont absolument & toûjours necessaires. Puisque ce Philosophe enseigne que Dieu produit mes consentemens , de la même maniere qu'il produit mes perceptions ; qu'il me préde-termine aussi phisiquement à vouloir telle ou telle chose , qu'à connoître tel , ou tel objet, qu'à avoir telle, ou telle sensation : il est clair que selon lui , je n'ai pas plus de pouvoir sur les actes de ma volonté , que sur mes perceptions & mes sensations. Cette seule reflexion , qui se presente fort naturellement dès qu'on a lû les dix premieres pages du Traité, suffit pour décou-vrir le vrai dessein de ce bel ouvrage.

M v

I V.

LA cinquiéme section eſt intitulée :
,, de la Prémotion Phiſique , par rap-
,, port à la dépravation & au rétabliſſe-
,, ment de l'entendement & de la volonté.
Beau champs pour un homme, qui a cher-
ché à mettre dans un livre tout ce qu'il
ſavoit , ou croyoit ſçavoir ; afin d'en faire
parade aux yeux du public , & de ſurprendre plus ſurement par cette montre d'érudition les perſonnes capables de s'en laiſſer
frapper.

En éfet on entreprend ici de traiter , de
l'ignorance , de la concupiſcence en general & en particulier , des plaiſirs ſenſibles,
de la grace habituelle , de la grace actuelle,
des cauſes & des occaſions de la grace, de la
difference des deux états & de leur reſſemblance, de la maniere dont l'homme agiſſoit
dans l'état d'innocence , & dont il agit
dans l'état preſent , du peché du premier
homme , du ſentiment de S. Auguſtin ſur
la grace propre des deux états , *l'Auxilium*
quo, *l'Auxilium ſine quo* , &c..... Apropos
de ces titres on acumules paſſages ſur paſſages , on fait des diſſertations ſur des opinions ſcholaſtiques , ſur l'hereſie des Pelagiens , ſur des endroits de S. Auguſtin ;

ou invective contre la grace verfatile & fes défenfeurs.

Mais, fans relever en particulier tous les difcours fuperflus, les galimatias, les mauvais raifonnemens, les propofitions erronnées, dont cette partie du traité n'eft pas moins infectée que les autres ? je trouve une voye tres-courte & tres-fimple de mettre à peu de frais tout le monde en état de juger fainement de tout ce vain étalage de doctrine, & des vûës, que peut avoir cûës en le faifant le Docteur prédeterminant. Cette voye eft, de marquer ici les vrais fentimens, qu'il doit avoir fur chacun des points, qu'il examine dans cette fection, & qu'il auroit declaré fans tant de verbiage, s'il eût voulu parler fincerement & conféquemment à fes principes.

Sur l'ignorance, il auroit dit ; qu'elle eft une privation de connoiffance : que par conféquent, fi Adam innocent n'ignoroit pas beaucoup de chofes que nous ignorons ; C'eft que Dieu avoit créé dans fon efprit, & n'a pas créé dans les nôtres, plufieurs de ces êtres, qu'on nomme connoiffances.

Sur la concupifcence, après avoir défini, comme il a fait, la concupifcence habituelle : (*a*) ,, une pente generale vers

_a_ Sect. 5. chap. 2. pag. 264.

toutes sortes de pechez. Il auroit ajoûté ; « que c'est Dieu , qui produit & conserve en nous cette pente déreglée comme un être tres-réel , qu'il a tiré du neant pour le placer dans nôtre ame. Quant à l'acte de la concupiscence , il auroit dit de même ; que c'est un nouveau degré d'être, un nouvel amour d'un objet défendu , que Dieu ajoûte à l'être de nôtre ame.

(*a*) Sur les plaisirs sensibles; reconnoissant qu'ils sont autant de tentations interieures , qui nous excitent au peché ; (*b*) & ayant enseigné comme on l'a vû , que nous n'avons pas le pouvoir de nous abstenir du peché auquel ils nous portent, lors qu'ils sont sensuels , ou plus vifs que les mouvemens contraires de la grace ; il auroit avoüé franchement que ce sont de pernicieux êtres , que Dieu produit dans nous , afin d'en prendre occasion d'y produire des crimes.

Sur la grace actuelle ; il s'étoit déja sufisamment expliqué , & il ne lui restoit plus rien à dire de juste & de précis , sinon que c'est une operation toute puissante par laquelle Dieu crée dans nôtre ame un bon être nommé Saint-Amour. (*c*) Or ce bon être , si Dieu continuë à le conserver au

a pag. 267.
b ci-dessus. chap. 6. n. 7.
c Chap. 2. pag. 295. &c.

fond de l'ame , fans que l'ame s'en apper-
çoive, devient alors la grace, ou la charité
habituelle.

(*a*) Sur les caufes & les occafions de la
grace ; Aulieu d'employer vingt grandes
pages à ne parler que des caufes & des
occafions du peché , il fe feroit contenté
de dire en quatre lignes ce qu'il a enfin mis
à la fin de ce long chapitre , fçavoir qu'il y
a certains moyens auxquels la grace eft
infailliblement atachée ; (*b*) & qui la con-
ferent toûjours à moins qu'on y mette obf-
tacle ; & qu'il y en a d'autres , auxquels
elle eft attachée , mais non pas infailliblement , tels font la prédication de l'Evangile , la correction fraternelle ; les prieres
publiques , &c. feulement il auroit pû
ajoûter que les Sacremens font des occafions infaillibles d'obtenir la grace , parce
que Dieu s'eft fait une loi de créer toûjours
le Saint-Amour dans l'ame de celui en qui
il auroit produit les difpofitions neceffaires
pour les bien recevoir. Au lieu que Dieu
ne s'eft pas fait une loi femblable de créer
toûjours ce Saint-Amour dans toutes les
ames de ceux à qui l'Evangile feroit prêché,
qu'on reprendroit de leurs défaut , ou pour
qui l'on prieroit.

a *Chap* 5.
b *pag.* 196.

Sur la reſſemblance , & la difference des deux états ; il auroit eu bien-tôt fait, en diſant qu'ils ſe reſſemblent en ce que Dieu à cauſe de Jeſus-Chriſt crée dans les predeſtinez de bons êtres , ſoit permanens & habituels , ſoit actuels & paſſagers ; comme il en avoit créé dans Adam innocent : qu'ils different en ce que Dieu ne crée dans preſque tous les hommes excepté un petit nombre de predeſtinez que de mauvais êtres en conſequence de la prévarication d'Adam ; Aulieu que ſi Adam étoit démeuré fidelle Dieu auroit créé de ſaints êtres dans un bien plus grand nombre d'hommes , ou du moins il n'auroit pas produit dans ces hommes innocens tant de mauvais mouvemens ni de tentations, qui les fiſſent neceſſairement pecher.

Sur la maniere dont l'homme agiſſoit dans l'état d'innocence , & dont il agit dans l'état preſent, & ſur le peché du premier homme ; il n'auroit eu rien à dire de bien juſte, ſi non qu'à proprement parler, ni l'homme innocent, ni l'homme coupable n'agiſſent en rien , ne produiſent rien. Puiſque ni l'un ni l'autre n'ont le pouvoir de ſe donner ce qu'ils n'auroient pas , ou de créer dans le monde de nouveaux étres , en les faiſant paſſer par une vertu infinie du neant à l'exiſtance. Ainſi Adam a peché , comme nous pechons ;

parce qu'il a plû à Dieu de créer dans son ame une abominable substance, qui s'appelle peché; de même qu'il en crée tous les jours dans les ames des réprouvez.

(*a*) Enfin sur *l'Auxilium quo* & *l'Auxilium sine quo* de S. Augustin, ce discoureur perd bîen son tems, ou plûtôt se moque étrangement de ses lecteurs d'employer cinquantes pages en dissertations vagues touchant la difference, que ce Pere a prétendu mettre entre ces deux especes de graces. N'est-il pas évident que dans la Doctrine du Traité, toute grace n'étant autre chose qu'une operation toute puissante, par laquelle Dieu seul & sans que nous y puissions avoir aucune part, produit & crée dans nôtre ame des êtres appellez, bonnes actions; nulle grace ne peut se nommer exactement, un secours, *Auxilium*; ou si l'on veut la nommer ainsi, elle est, & a toûjours été aussi-bien pour Adam innocent, que pour l'homme pecheur, un secours en vertu duquel la bonne action est toûjours necessairement produite & le salut operé, *Auxilium quo.* Quand Adam est tombé nôtre Docteur n'auroit garde de penser, qu'il eut alors un secours versatile, dont il ne tint qu'à lui de bien user pour perseverer dans la justice; ce seroit-là s'i-

a *Chap.4. pag.335. &c.*

maginer, qu'Adam eût pû par ses propres forces se faire meilleur que Dieu ne l'avoit fait ; (*a*) qu'il eût pû acquerir par lui-même une perfection sans mesure, & égale à la perfection divine. D'ailleurs par quel secours Adam auroit-il pû resister à l'action toute puissante par laquelle Dieu créoit dans son ame un peché ?

Concluons donc que tous ces grands discours qu'affecte l'Auteur, comme s'il prenoit fort serieusement les choses qu'il y traîte, ne sont vraisemblablement que les artifices d'un homme, qui rit au fond de son cœur de la simplicité de ceux, qui prendroient au pié de la lettre tout ce qu'il juge à propos d'écrire.

V.

MAis voici bien une autre carriere, qui s'ouvre dans la sixiéme section. Là on entreprend de prouver la pretenduë prémotion phisique par tous les attributs de Dieu. Par sa science, sur laquelle seule on trouve moyen de remplir huit Chapitres. Par sa providence, à propos de laquelle le Reteur prédeterminant se jette à corps perdu dans de longues dissertations sur les fins que Dieu peut s'être proposé

a *Voyez le n.* 1. *de ce Chapitre.*

dans la création du monde , sur les divers
moyens qu'il a pû choisir pour parvenir à
ces fins ; sur les voyes generales , leurs
avantages, leurs inconveniens ; sur la liberté de Dieu par rapport à la production de
plusieurs mondes possibles : toutes disputes , comme l'on voit , qui tendent fort
directement à établir la prémotion phisique. Par sa bonté, par sa misericorde, par
son Asseïté , par son indépendance , par
ce fond d'être infiniment infini par lequel
Dieu est , dit-on , *l'être des êtres.* Expression favorite de l'Auteur , dont le sens naturel , si nous en croyons le P. Malebranche , ne renferme que l'impieté de Spino-
sa ; (*a*) Quoique lui P. Malebranche ne
croye pas que ce soit le sens du prédeterminant ; ce que d'autres pourroient peut-
être soupçonner , ce que moi je n'examine
point. On traite encore . & fort au long,
à propos de tous ces attributs , de la pré-
destinatiou , de la promesse de Dieu , de
son secret & de la manifestation de ce secret ; & de mille autres choses curieuses &
sublimes, d'ou l'Auteur a le talent de conclure toûjours dans une forme , qui lui est
particuliere : Donc il faut admettre la Prémotion phisique , & rejetter bien loin ces
graces congruës & versatiles , qui laisse-

<hr>

a *Réflexion sur la Prémotion phisique pag.* 195.

roient à la volonté humaine la liberté de
leur refuſer ſon conſentement , ou d'y
conſentir par ſa propre détermination.

Comme dans cette partie de ſon ouvrage nôtre Philoſophe a voulu s'éloigner du
P. Malebranche ſon Maître , & a même
pris la liberté de le refuter, principalement
ſur l'article des volontez generales , & de
la prédeſtination : Le P. Malebranche à
qui ce Diſciple revolté donnoit priſe par
bien des endroits, lui à répondu avant que
de mourir par le livre des Reflexions ſur la
prémotion phiſique, que j'ai déja cité quel-
quefois.   Ces reflexions roulent preſque
toutes ſur cette ſection ſixiéme & ſur quelques endroits de la precedente , qui ont
rapport à celle-ci.

Si l'on me demandoit lequel à mon avis,
à raiſon dans cette diſpute ? Je répondrois
qu'ils ont tous deux raiſon , & qu'ils ont
tous deux tort. Tous deux tort, parce qu'ils
ſoutiennent chacun une mauvaiſe cauſe.
Tous deux raiſon , parce que le Prédeterminant refute aſſez bien quelques points
de la doctrine du P. Malebranche , ce qui
n'étoit pas difficile , & parce que le Pere
Malebranche reprend reciproquement avec
beaucoup de juſtice & de fondement le
Préeffectionnaire de quantité d'erreurs , &
de quelques ignorances aſſez groſſieres.
Par exemple de détruire la liberté neceſ-

faire pour le merite : de nous donner l'idée d'un Dieu fans bonté , fans fageffe , fans fans juftice ; d'un Dieu bifarre, capricieux, dont les volontez ne font point reglées felon l'ordre, qui eft le fondement de toutes loix juftes & raifonnables ; d'un Dieu cruel , qui punit des intelligences , qu'il a réprouvées fans aucune raifon ; d'un Dieu infidelle , qui abandonne le premier les juftes en leur refufant une prémotion fans laquelle la perfeverance ne leur eft pas poffible. Voilà quelques-unes des erreurs, que le P. Malebranche reproche à nôtre Auteur : elles en valent fans doute la peine. Auffi les avons-nous relevées , & dans un plus grand détail encore. Je fuis cependant bien aife qu'on voye par-là que cette fixiéme fection eft fuffifamment réfutée d'avance par tout ce que l'on a lû dans les Chapitres precedens ; & qu'ainfi ce feroit perdre le tems , que de nous y amufer davantage.

Pour les ignorances , dont le P. Malebranche taxe encore le nouveau Prédeterminant ; elles ne regardent pas fort mon fujet , & n'ont nul rapport au deffein, que je me fuis propofé , de mettre en évidence les vrais principes du traité de l'action de Dieu , & de faire fentir l'extravagance & l'impieté des conféquences , qui fuivent neceffairement de ces principes. Par exem-

ple le **P.** Malebranche accuse le Préeffectionnaire : ,, de broüiller sans cesse dans
,, ces deux sections, cinquiéme & sixiéme,
,, (*a*) le vrai avec le faux , & de réfuter
,, pour ses sentimens, non-seulement ceux
,, qu'il n'eut jamais , mais encore ceux
,, même , qu'il avoit réfutez. Il accuse de
n'être gueres instruit des opinions les plus
communes parmi les Theologiens , ni des
sentimens des SS. Peres , lorsque d'un ton
toûjours trop décisif il parle ainsi dans cette section sixiéme. ,, Non le verbe ne se
,, seroit point incarné : (*b*) le monde au-
,, roit subsisté sans Jesus-Christ , si Adam
,, n'avoit point peché. C'est le sentiment
,, unanime de tous les Peres. Le P. Malebranche , dont tout le sistême suppose la
fausseté de cette proposition , s'applique
fort à la réfuter , & le fait d'une maniere
tres-plausible ; sur tout il cite au Prédeterminant un long passage de Suarez , qui
le confond absolument ; car ce sçavant
Theologien confirme le sentiment du Pere
Malebranche sur la fin principale de l'incarnation , non-seulement par d'excellentes raisons , mais par l'autorité de l'Ecriture Sainte ; des Conciles , & de trente
des Saints Peres les plus illustres. Il l'ac-

a *pag.*154. *des R fleuxiens.*
. b *Sect.*6. 2. *pag. chip.*5 *pag.*52.

cufe encore , & avec beaucoup de raifon,
de n'avoir nullement entendu S. Auguftin,
lorfqu'il s'éforce de prouver la prémotion
Phifique même telle que l'admettent les
vrais Thomiftes , par des paffages de ce
Pere : il lui enfeigne le veritable fens de
ces paffages entendus , comme on doit les
entendre , par rapport aux erreurs que
S. Auguftin avoit en vûë , & aux manieres
de parler de ces tems-là : il lui allegue l'autorité même de Janfenius , dont le nom
certainement doit être des plus refpectables
à nôtre Prédeterminant , il la lui allegue,
dis-je , pour achever de le convaincre du
peu de conformité , qu'il y a entre la doctrine de S. Auguftin & le fiftême de la
prémotion phifique , cependant , ajoûte
le P. Malebranche , (a) ,, Janfenius avoit
fort loüé les Thomiftes...... la raifon en "
eft, qu'ayant compofé fon fixiéme livre "
de la grace du Sauveur , pour prouver "
que la fimple neceffité n'étoit point con- "
traire à la liberté , mais uniquement "
celle , qui venoit de la contrainte , & "
que la delectation de la grace étoit invin- "
cible , ou efficace par elle-même par "
rapport au confentement , qu'elle fait "
donner par l'ame volontairement , mais "
neceffairement ; il s'accommodoit fort "

a *Reflexions pag.* 146. 147.

,, de la prémotion phifique , en ce fens,
,, qu'il jugeoit , comme beaucoup d'au-
,, tres, qu'elle met l'ame dans la neceffité
,, de confentir. Car ce n'eft qu'en ce fens
,, qu'il approuve le fentiment des Tho-
,, miftes.

Or fi Janfenius a rejetté la prémotion
phifique des Thomiftes , comme tout à
fait oppofée à la doctrine de S. Auguftin,
comme détruifant abfolument & ruinant
tous les principes de ce grand Docteur de
l'Eglife ; quelque favorable qu'il la trouvât d'ailleurs à fon herefie, quel eft l'homme de bon fens , qui puiffe s'imaginer que
cette même doctrine & ces mêmes principes de S. Auguftin s'accommodent avec
l'étrange opinion de nôtre Auteur, qui fous
le nom de prémotion phifique , admet
éfectivement une veritable préeffection,
ou la volonté ne peut avoir aucune part,
bien loin d'y concourir librement ? Quoi
S. Auguftin auroit jamais penfé , auroit
même enfeigné , que ce qu'on appelle actes , confentemens & amours de la volonté , c'étoient autant d'êtres réels , autant
de fubftances, que Dieu feul par une force
toute puiffante créoit & confervoit dans
l'ame ? Ah cela revolte le bon fens & la
pieté. Ce feroit faire à ce grand Saint un
outrage , qui tiendroit du blafphême , que
de vouloir feulement le défendre contre
de telles impoftures.

C'a été en éfet la raison , qui m'a empêché d'en venir avec nôtre préeffectionnaire à l'éclaircissement de je ne sçai combien de passages , qu'il cite à tort & à travers pour appuyer ses dogmes absurdes. J'ai été persuadé que d'avoir montré l'extravagante impieté de ses opinions ; c'étoit avoir répondu de la maniere la meilleure & la plus courte à toutes ses citations des paroles des Saints Peres , de S. Augustin en particulier , & des Theologiens Catholiques. Il n'étoit pas non plus à propos, comme je l'ai déja souvent dit , d'être la duppe d'un vain déclamateur , qui paroît charger exprès son ouvrage de tous ces lieux communs, pour seduire les ignorans, & pour engager contre les autres des disputes perpetuelles , dont il tire toûjours cet avantage , d'écarter les esprits critiques du fond de l'erreur à laquelle il faut aller tout droit, & sans prendre le change, ainsi que j'ai taché de faire.

V I.

ENfin de tout le long & ennuyeux traité de l'action de Dieu, il ne me reste plus à parler que de la seconde partie de la section : car dans le Chapitre precedent nous avons soigneusement examiné tout ce que contient la premiere partie.

Ce morceau est des plus diffus ; mais en même-tems fort aisé à refuter en peu de mots ; car il suffira d'en donner ici une legere idée, pour convaincre chacun, que ce n'est qu'une répetition des principes erronnées, que l'Auteur a déja inculqué cent fois avec un tissu de raisonnemens creux, qu'il suffit d'envisager pour être tres-persuadé qu'ils ne méritent pas qu'on perde le tems à les discuter par le menu.

Venons donc au fait. Le profond Theologien se fait fort de montrer : ,, que des ,, difficultez proposées contre la grace éfi- ,, cace par elle-même, & la prémotion ,, phisique, l'on tire des preuves, mais des ,, preuves évidentes & geometriques, en ,, faveur de cette doctrine. Ce dessein n'a-t'il pas déja quelque chose d'assez plaisant.

Voyons comme il l'execute. Premierement il assure, que tout sistême sur la grace, qui est opposé à celui de sa prémotion phisique, se réduit à la necessité d'un parfait équilibre dans la volonté.

Secondement. Mais comme l'experience démontre qu'il n'arrive que tres-rarement, ou presque jamais que la volonté se trouve dans ce parfait équilibre, qui supposeroit, comme on le conçoit naturellement, une parfaite égalité de force & de degrez entre les impressions

oppofées

oppofées de la grace & de la cupidité ; &
qu'ainfi il n'y auroit pas d'aparence de prétendre qu'aucun Theologien eut bâti un
fiftême touchant la grace fur une telle chimere : l'Auteur pour fe tirer de ce fâcheux
pas , ou il avoit d'abord heurté foûtient
hardiment que le parfait équilibre fe trouveroit dans la volonté , dès-là qu'on la
fupoferoit maîtreffe de difpofer de fon confentement , quoique les impreffions de la
grace & de la cupidité fuffent tres-inéga-
les , ou même que nous euffions les unes
fans les autres ; oüi dès-là qu'il n'y a point
d'abfurdité ni *d'inconvenient* , c'eft fon terme favori , que la volonté refifte , ou à
la grace, ou à la cupidité; dès-là la volonté
joüit d'un parfait équilibre , quelqu'iné-
gaux que l'on fuppofe les mouvemens contraires de la charité & de la concupifcence ;
encore une fois quelque panchée que fût
la volonté d'un côté , ou d'un autre , elle
conferveroit cependant un parfait équilibre tant qu'il ne tiendroit qu'à elle de ne
fe pas laiffer emporter à ce penchant , de
ne s'y pas abandonner , d'y refifter : ces
propofitions tournées & retournées, reba-
tües en mille façons fourniffent fept , ou
huit articles d'un chapitre , dont on ne
trouve point la fin.

Troifiémement , donc tout fiftéme fur
la grace , qui fuppofe dans la volonté un

N

vrai pouvoir de resister, soit aux mouvemens actuels de la cupidité, lors qu'il sont
plus vifs que ceux de la grace ; (a) soit aux
mouvemens actuels de la grace, lors qu'ils
sont plus forts que ceux de la cupidité ; ou
bien de consentir à l'une ou à l'autre de
ces deux impressions contraires, quoique
plus foible : celui-là est atteint & convaincu, *hoc ipso*, de donner dans le parfait
équilibre de la volonté, toute sa doctrine
est appuyée sur ce principe de l'équilibre,
Aussi bien que s'il supposoit la parfaite
égalité des impressions contraires de la
grace, & de la cupidité.

Quatriémement. Or ce principe de l'é-
quilibre dans la volonté, tel qu'on vient
de l'expliquer ; est un principe detestable.
Tout sistême appuyé sur cet abominable
principe est le pur Pelagianisme, il détruit
la grace de Jesus-Christ, il confond toute
la science de Dieu, il renverse la prédestination. C'est enfin de ce sistême que suivent toutes ces affreuses conséquences,
qu'on objecte mal à propos au sistême de
la prémotion physique, laquelle ne suppose point un tel équilibre.

Cinquiémement, tout sistême fondé
sur l'équilibre de la volonté, détruit la
liberté, rend Dieu Auteur du peché, an-

* Sect. 7. 2.p. ch.1. pag.291. &c.

néantit l'obligation de prier pour obtenir
la grace, donne atteinte à la justice de
Dieu, à la necessité de la redemption, à
la providence, à la liberté de Dieu même,
à la grace suffisante, &c. Enfin il est d'une
dureté, qu'on ne peut soûtenir. Ce sont
les propres paroles de l'Auteur, & les
titres de ces chapitres. C'est par le dernier
que finit son livre.

Je finirai aussi ce petit ouvrage par quelques reflexions sur l'analise, que je viens
de donner, & que j'assure être tres-fidelle,
ceux, qui en douteroient pourront se
donner la peine de lire cette partie du
traité.

La premiere reflexion, qui se presente
à mon esprit, est que si l'auteur, en terminant son livre par des raisonnemens si
extravagans, avoit eu en vûë de décrier
toute la doctrine, qu'il avoit debitée auparavant ; il y auroit, à ce que je pense,
fort bien réussi auprès de toutes les personnes sensées ; il auroit par-là remedié en
partie au scandale, que pourroient causer
ses sentimens : & je l'en loüerois. Mais il
n'est pas croyable que ç'ait été là son intention. Il est plus probable qu'il est de ces
gens, que l'erreur aveugle jusqu'à éteindre
dans eux les principes du bon sens.

Car en éfet, ou est l'homme dont la
raison ne soit pas troublée, capable de

dire & d'affurer gravement que c'eft détruire la liberté humaine, que de prétendre
que la volonté a un pouvoir veritable de fe
déterminer, comme il lui plaît en confen-
tant, ou refufant de confentir aux mouvemens & aux impreffions, foit de la grace ; foit de la cupidité ? Que c'eft rendre
Dieu auteur du peché ; que de dire que la
créature raifonnable abufant de ce domai-
ne qu'elle a naturellement fur fes actions,
fe porte malgré les reproches de fa confcience & les follicitations de la grace à faire
une action, que Dieu lui défend, & dont il ne
tiendroit qu'à elle de s'abftenir? Qui eft-ce,
qui pourroit foûtenir fans rire, ou fans s'in-
digner les difcours d'un Sophifte, qui s'é-
chaufferoit à prouver que tous les Theologiens Catholiques, qui rejettent la prémotion phifique, annéantiffent les attributs de
Dieu, fa fcience, fa juftice, fa providence;
rendent inutiles l'incarnation du Verbe &
la redemption du Genre Humain, &c. Mais
que feroit-ce, fi cet impertinent déclamateur ne chargeoit ces Theologiens Orto-
doxes de fes reproches, que parce que ces
Theologiens foutiendroient que, foit que
les mouvemens de la grace & de la cupidité
foient égaux ; foit que l'impreffion de la
cupidité foit plus vive & plus fenfible que
le mouvement de la grace ; cependant la
volonté peut toûjours réfifter à la cupidité

& s'abstenir de pecher en obéissant à la grace? C'est donc, lui diroit-on, que vous prétendez que Dieu ne peut sçavoir rien, s'il ne le fait lui-même, ou ne le fait faire necessairement par la créature: Qu'il ne peut gouverner le monde, ni tous les êtres, qui le composent ne sont des êtres brutes & inanimez. Que sa puissance arrange & dispose de la même maniere que l'Archirecte place les pierres d'un bâtiment: qu'il sera fort juste s'il fait souffrir des esprits, qu'il aura mis dans la malheureuse necessité de pecher; au lieu qu'il ne le seroit pas, s'il ne condamnoit aux peines que ceux, qui auroient peché par leur propre faute? Vous pretendez apparemment encore, qu'il seroit inutile que Jesus-Christ nous eût racheté & nous eût merité des graces, supposé que nous puissions nous rendre infidelles à ces graces, lors qu'elles nous seroient données, parce que vous croyez que d'un côté, la grace n'a nulle part à nos bonnes actions, si elle ne nous les fait faire par une force à laquelle nous ne puissions resister; & que de l'autre, toute action, que nous ferions à laquelle la grace n'auroit point de part, seroit mauvaise de sa nature & un veritable peché. Or Monsieur le Docteur, toutes ces opinions ne sont gueres moins folles qu'heretiques.

N iij

Une Seconde réflexion , qu'il est fort naturel de faire ; c'est que l'Auteur ne s'apperçoit pas que son étrange censure du principe de l'équilibre tel qu'il l'entend, tombe à plomb sur le Concile de Trente, pour lequel néanmoins il témoigne du respect ; sur S. Augustin , dont il fait profession d'être le disciple ; sur S. Thomas, quoi qu'il se dise Thomiste.

Ce fait est aisé à démontrer. Tous ceux-là tiennent le parfait équilibre dans la volonté , & encourrent la terrible censure fulminée contre ce principe detestable ; lesquels enseignent que la volonté entre des impressions opposées , égales , ou inégales , de la grace & de la cupidité , conserve un vrai pouvoir de se déterminer à suivre les unes, ou les autres ; peut consentir à la grace , ou se livrer à la cupidité, sans que cette puissance renferme ni absurdité , ni contradiction. Or le Concile de Trente , S. Augustin , & S. Thomas, enseignent cela , ils sont tout à fait dans ce sentiment. Donc ils tiennent l'abominable principe de l'équilibre ; donc ils sont Pélagiens ; donc ils méritent toutes les censures & les maledictions de l'Auteur de l'action de Dieu ; & Molina lui-même à qui le Prédéterminant en veut sur tout, n'est pas plus méchant qu'eux.

Je prouve la mineure par toutes ses parties 1°. à l'égard du Concile de Trente.

Ce saint Concile enseigne que l'homme reçoit tellement par la cooperation de sa volonté l'inspiration du Saint-Esprit, qu'il peut aussi ne la pas recevoir, la rejetter, la rendre inutile. (*a*) *Ita ut.... neque homo ipse nihil omnino agat, inspirationem illam recipiens, quippe qui illam & abjicere potest.* Il frappe d'anathême quiconque dit, que l'homme ne peut pas refuser son consentement aux mouvemens interieurs de la grace par lesquels Dieu l'excite & l'appelle actuellement. *Neque posse dissentire si velit* (*b*) (*Deo excitanti atque vocanti*) *anathema sit.* Par conséquent le saint Concile reconnoît & admet dans la volonté ce detestable équilibre, qui détruit les attributs de Dieu, & renverse toute l'économie de la Religion.

Secondement saint Augustin enseigne aussi dans mille endroits de ses ouvrages que la volonté peut consentir, ou resister aux mouvemens, soit de la grace, soit de la cupidité ; sans s'embarasser si ces mouvemens opposez sont parfaitement égaux, ou s'ils ne le sont pas ; il ne trouve dans la réalité de ce pouvoir, ni absurdité,

a *Sect 6. ch.5.*
b *Can.4.*

N iiij

ni contradiction , ni inconvenient. Je me contenterai d'en citer ici deux passages, tirez l'un & l'autre du Traité *de peccatorum meritis & remissione*. Dans le premier le Saint Docteur nous apprend , que quand l'homme baptisé est parvenu à un âge capable de precepte, il trouve alors les mouvemens de sa concupiscence à combatre, & qu'il ne tient qu'à lui de leur resister, & de les surmonter , s'il veut être fidelle à la grace , dont le secours ne lui manque point , s'il veut éviter la damnation. *Si post baptismum vixerit , atque ad ætatem capacem precepti pervenire potuerit ; ibi habet (: concupiscentiam) (a) cum quâ pugnet; eamque adjuvante Deo superet , si non in vacuum gratiam susceperit , si reprobus esse noluerit.* Dans le second il déclare que la concupiscence quelque vive qu'elle puisse être dans ceux qui ont reçû le Baptême ne sçauroit leur nuire , ni les faire tomber en peché, à moins qu'ils ne consentent à ses mouvemens ; qu'elle ne rend coupables que ceux, qui ne résistent pas à ses mauvaises impressions ; en un mot qu'on ne doit s'en prendre qu'à la seule volonté de l'homme de tout le mal qu'elle fait en obéïssant à la concupiscence. *(b) Quidquid concupiscen-*

a *Lib.*1. *ch.*39.
b *Lib.*2. *ch.*3.

tiæ mens ad peccandum consentit propriæ voluntatis est..... ad agonem interim manet , non sibi ad illicita consentientibus nihil omninò nocitura..... consentientes autem sibi ad illicita reos tenet. Il ne faudroit pas feüilleter beaucoup S. Augustin pour y trouver cent passages semblables , & plus forts encore, qui seroient autant de preuves de ce beau principe par lequel le saint Docteur renverse également les heresies opposées des Pelagiens & des Novateurs de nôtre siecle; sçavoir , qu'il faut que la misericorde de Dieu nous previenne , mais qu'il dépend de nôtre volonté de donner ou de refuser son consentement à la vocation divine: *(a) Misericordia Dei prævenit nos ; consentire autem vocationi Dei, vel ab eà dissentire, propriæ voluntatis est.* Mais il y a sur tout un endroit au chapitre 6. du Livre 12. de la cité de Dieu que je désierois le plus habile homme de souftraire à l'anathême fulminé par l'Auteur du Traité. Là S. Augustin suppose , 1°. que deux hommes également disposez de corps & d'esprit voyent la beauté d'une femme, & soient agitez d'une même tentation ; 2°. que de ces deux hommes dont la disposition est parfaitement la même , l'un consente & succombe à la tentation , l'autre y resiste & persevere dans

a *L. de spir. & litter. c.34.*

l'amour de la chasteté. Ensuite il demande quelle raison l'on peut apporter de cette difference ? Enfin il répond qu'on n'en peut alleguer d'autre, sinon que l'un a voulu, & que l'autre n'a pas voulu renoncer à la chasteté. Mais encore, dit-il, d'où vient que l'un a voulu, l'autre n'a pas voulu ? Cela vient uniquement de leur propre volonté ; puisque tous les deux étoient dans les mêmes dispositions d'esprit & de corps. *Si duo æqualiter affecti animo videant unius corporis pulchritudinem.... & si eâdem tentatione tententur ; & unus ei cedat atque consentiat, alter idem qui fuerat perseveret : quid aliud apparet, nisi unum voluisse, alterum noluisse à castitate deficere. Unde ? nisi propriâ volontate ; ubi eadem fuerat in utroque corporis & animi affectio ?* Par consequent S. Augustin est aussi de ces Pelagiens molinistes partisans de l'équilibre, lesquels admettent un sistême sur la grace pernicieux à la liberté de l'homme, ennemi de tous les attributs de Dieu, & de la mediation de J. C.

Troisiémement S. Thomas n'est pas sur ce point d'un autre avis que le Concile de Trente, & S. Augustin. C'est chez ce grand maître de tous les Theologiens une espece d'axiôme ; que la volonté ne fait point tel ou tel acte, soit en consentant, soit en resistant, ou à la grace, ou à la cupidité, parce qu'elle eſt ainſi déterminée ; mais qu'elle le fait uniquement parce qu'il lui plaît de ſe déterminer elle-même de telle, ou telle façon. (a) *Quod voluntas determinate exeat in hunc actum, vel in illum, non eſt ab alio determinante, ſed ab ipſâ voluntate.*

Par conſequent S. Thomas bâtit auſſi ſur la fauſſe & déteſtable ſuppoſition de cet équilibre de la volonté, en vertu duquel elle puiſſe ſe déterminer elle-même, & ne ſoit point neceſſairement déterminée ni par l'impreſſion de la grace, ni par les mouvemens de la cupidité.

Voilà donc le Concile de Trente, ſaint Auguſtin, & S. Thomas exclus de la communion du nouveau Prédeterminant : mais avec qui communique-t'il donc ? avec Calvin, dont il eſt l'écho fidelle. Je nie, dit Calvin, (b) que la grace nous ſoit offerte de ſorte qu'il ſoit enſuite à nôtre choix de lui obéir, ou de lui reſiſter. *Nego gratiam ſic nobis offerri, ut noſtræ poſtea ſit optionis vel obtemperare, vel refragari.* N'eſt-ce pas là la Doctrine du Traité ?

Mais je m'apperçois, & c'eſt ma troiſiéme & derniere reflexion, qu'inſenſiblement je donne dans le piege, que j'ai ſi ſouvent dit qu'il falloit éviter en traitant

a *In 2. ſent. diſt. 39. q. 1.*
b *Lib. 5. contra Pighium pag. 183.*

avec nôtre Auteur. Il semble que je n'aye ici affaire qu'à quelqu'un de ces heretiques, qui veulent que la volonté soit le joüet de certaine motion , ou delectation relative, tantôt de la grace , tantôt de la cupidité, qui dominent tour à tour sur elle , & la fassent necessairement consentir les unes au bien , les autres au mal, selon que leurs forces reciproques augmentent , ou diminuent. Mais le Préeffectionnaire ne s'en tient pas là. Selon lui les mouvemens de la cupidité sont des êtres créez dans l'ame, qui déterminent Dieu à y créer les actes mêmes du peché complet : de même Dieu crée dans nôtre esprit les mouvemens de la grace , & ensuite en prend occasion d'y créer de plus des actions saintes. Voilà le vrai sistême de la préeffection , comme il paroît par tout ce qui a été dit dans cette réfutation ; sistême comme l'on voit, bien plus opposé encore à l'équilibre , que la prémotion morale la plus necessitante.

CONCLUSION

DE CET OUVRAGE.

Est-il croyable , car j'avoüe que je ressens encore sur ce point toutes les repugnances , qu'on peut avoir à le croire, est-il croyable , qu'il se soit trouvé dans

le monde un homme capable de se persuader , & de vouloir persuader aux autres,
que tout ce qui se conçoit communément
comme action , ou modalité de la substance spirituelle de nôtre ame , tout cela soit
un être absolu , une veritable substance,
que Dieu seul crée, comme il a créé la matiere de cet univers ? Cependant il me semble que ce fait a été démontré dans nôtre
premier chapitre : Qu'on le relise, si l'on
veut , on y trouvera les propres paroles
de l'Auteur , par lesquelles il atteste lui-
même que tel est effectivement son sentiment. Qu'on se rappelle en gros ce que
l'on a vû dans toute la suite de cette réfutation ; il sera difficile de ne pas convenir
que le dessein du traité de l'action de Dieu
a été d'insinuer cette étrange opinion,
sous le nom de la prémotion phisique.

Mais ce principe est absurde en lui-même , on l'a prouvé dans le second chapitre.
Mais il est impie dans ses conséquences,
cela est constant par le troisiéme chapitre.
Mais l'Auteur se contredit cent fois lui-
même dans l'usage , qu'il veut faire de ce
principe , on l'a vû dans le chapitre quatriéme. Mais l'application , qu'il fait de ce
principe à la prémotiou phisique , le tra-
hit en faisant sentir qu'il ne se déguise en
Thomiste prédeterminant , & ne donne à
sa *préeffection* le nom de *prémotion phisique,*

que pour tromper & seduire ses lecteurs; cela se trouve verifié dans le cinquiéme chapitre. Mais l'Auteur encore ne satisfait à aucune de ces affreuses objections, qui naissent en foule à l'esprit contre son principe, le sixiéme chapitre en fait foi. Mais enfin l'influence de ce principe est si maligne, qu'elle répand dans tout le traité mille erreurs sur les sujets les plus étrangers & les moins liez à ce principe; on vient d'en avoir des preuves dans le septiéme & dernier chapitre.

O Dieu que vos jugemens sont terribles ! Mais qu'en même-tems ils sont justes; lors que vous livrez à un sens réprouvé ces hommes temeraires, amateurs de la nouveauté, indociles à la voix de l'Eglise, revoltez contre la simplicité d'une foi humble & soumise ! Que vous sçavez bien, Seigneur, confondre ces esprits superbes, en les laissant s'égarer dans leurs vaines & chimeriques idées, jusqu'à tomber en contradiction avec eux-mêmes ! Que vôtre providence est admirable & digne de nos loüanges; quand elle permet, que ces faux sages, qui prétendent seduire les autres par l'éclat d'une science étenduë & profonde qu'ils affectent, fournissent eux-mêmes, sans s'en appercevoir, un preservatif contre leurs erreurs, en débitant des faussetez si manifestes & si grossieres, qu'on

ne peut, en lisant leurs ouvrages, s'empêcher de leur appliquer ce mot de l'Ecriture : (a) *Dicentes se esse sapientes, stulti facti
sunt !*

Au reste je prie tres-humblement les
Approbateurs du Traité de l'action de
Dieu sur les créatures, de me pardonner,
si je porte de cet ouvrage un jugement si
different du leur.

Je fais grand cas des qualitez de Licentié
en Theologie, de Chanoine gradué, &
de censeur des livres, de Monsieur Van
Ertborn ; mais je ne sçaurois convenir de
ce qu'il assure : ,, que ceux, qui liront cet
ouvrage admireront la grande érudition "
de l'Auteur. "

Je respecte le Pere d'Elbecque comme
Prieur des Dominicains de Namur ; mais
je me dispense de croire sur sa parole, après
ce que j'ai vû de mes yeux : ,, que le traité
soit un excellent ouvrage ; qu'il merite "
d'être universellement applaudi de tous "
ceux qui aiment la verité. Je croirai en- "
core moins pour l'honneur de S. Thomas, "
& des Thomistes : ,, que cet ouvrage contienne la Doctrine du saint Docteur, ni "
que la Prémotion phisique s'y trouve "
démontrée telle, qu'on l'enseigne dans "
l'école Thomistique. Quant à ce qu'il "

a Rom.I.

ajoûte : *qu'il a lû ce livre avec un plaisir,
qu'il ne peut exprimer , qu'il en est charmé,
qu'il en est transporté.* Je le croi , puisqu'il
le dit ; mais je n'en suis pas édifié.

Le Pere Henry de S. Ignace de l'ordre
des Carmes , tout ancien Provincial qu'il
est , & Lecteur émerite en Theologie , ne
me persuadera pas non plus, que ce Traité
soit un ouvrage solide , qui fasse beaucoup d'honneur à l'école du Docteur
Angelique S. Thomas. Je ne sçai même
de quels yeux ill'a lû pour pouvoir assurer,
qu'il ne contient rien contre la foi. Est-ce de
la foi de l'Eglise Romaine , dont ce bon
Pere a pretendu parler ?

Pour Monsieur d'Arnaudin ; il semble
s'en être trop rapporté à la bonne foi des
trois autres. Croyant apparemment sur
leur parole : ,, que l'Auteur soûtient le
,, sistême de S. Thomas, & de sa sçavante
école ; il conclud ; *par consequent cet ouvrage ne renferme rien de contraire à la foi de l'E-
glise Catholique , Apostolique , & Romaine.*
Conclusion fort bien tirée , si par malheur
le principe d'où la tire M. d'Arnaudin n'é-
toit faux , comme je croi l'avoir sufisamment prouvé dans cette réfutation.

F I N.

www.ingramcontent.com/pod-product-compliance
Lightning Source LLC
LaVergne TN
LVHW021629060726
842527LV00003B/587